WESTEND

STEFAN LORENZ SORGNER
PHILIPP VON BECKER

TRANS-
HUMANISMUS?

Herausgegeben von
Lea Mara Eßer

WESTEND

Mehr über unsere Autor:innen und Bücher:
www.westendverlag.de

Die Deutsche Nationalbibliothek verzeichnet diese Publikation in
der Deutschen Nationalbibliografie; detaillierte bibliografische Daten
sind im Internet über http://dnb.d-nb.de abrufbar.

ISBN 978-3-86489-386-5
Streitfragen
Originalausgabe
© Westend Verlag GmbH, Frankfurt/Main 2023
Motiv: Westend Verlag GmbH, Frankfurt am Main
Umschlag: Buchgut, Berlin
Satz: Publikations Atelier, Dreieich
Druck und Bindung: CPI – Clausen & Bosse, Leck
Printed in Germany

Inhalt

Wir fangen etwas an; wir schlagen unseren Faden in ein Netz der Beziehungen. Was daraus wird, wissen wir nie. [...] Das gilt für alles Handeln. Einfach ganz konkret, weil man es nicht wissen kann. Das ist ein Wagnis. Und nun würde ich sagen, dass dieses Wagnis nur möglich ist im Vertrauen auf die Menschen. Das heißt, in einem – schwer genau zu fassenden, aber grundsätzlichen – Vertrauen auf das Menschliche aller Menschen. Anders könnte man es nicht.

Hannah Arendt

Vorbemerkungen

Dies ist der Versuch, Sie in die Frage zu verführen. Das Bild der Schlange, das Sie auf dem Titel sehen, ist keineswegs Zufall: In der Genesis ist *sie* es, die die Frage in die Welt bringt, die dazu verführt, das Selbstverständliche zu prüfen, dazu, sich ein ganz eigenes Urteil zu bilden. Auf diesem Weg bringt sie zugleich die Gefahr dieses Fragens in die Welt, denn zu fragen heißt immer, dem allzu Selbstverständlichen seine vermeintliche Alternativlosigkeit – und somit die darin liegende trügerische Sicherheit – zu nehmen.

Die Reihe *Streitfragen* stellt umstrittene Themen und Debatten zur Diskussion. Sie möchte Lust am Selberdenken und dem Entwerfen einer eigenen Position wecken wie auch das offene Gespräch verteidigen. Es ist ein großes Gut und Zeichen von Freiheit, dass es andere Standpunkte gibt, die den eigenen in Frage stellen. Nur so können Gedanken sich formen und umformen, nur so kann Neues entstehen, kann Gesellschaft wachsen und sich entwickeln.

Woran es unserer Zeit nicht mangelt, sind Formate des Streits, die in Lager einteilen und Kontrahenten in die Arena treten lassen. Diese Art der Debatte befördert eine Vertiefung und Verfestigung nicht mehr übertretbarer Frontlinien, sie zieht diese sogar oftmals erst. Auf diese Weise wird zur Linie verkürzt, was Gesellschaft und Öffentlichkeit einzig ermöglicht, nämlich der *gemeinsame Raum* des Gesprächs. Eine vielstimmige Gesellschaft ist aber weder selbstverständlich noch natürlich, sie bildet sich einzig im Dialog und endet, sobald ein solcher nicht mehr möglich ist, sobald es nur noch darum geht, den anderen mit allen Mitteln zu übertrumpfen, sobald Debatte zum Wettkampfspektakel verkommt.

Diese Reihe möchte dem entgegenwirken. Bei dem hier ausgetragenen Streit soll es nicht um Angriff und Verteidigung gehen, sondern darum, beiden Standpunkten ausreichend Platz zur Entfaltung zu lassen. Aus diesem Grund werden beide Beiträge ohne Kenntnis des jeweils anderen verfasst, und damit ohne dem (unterschwelligen) Zwang zu unterliegen, sich für seine eigene Position rechtfertigen zu müssen.

Nach der Lektüre sollen sich beide Standpunkte erheben wie die Teile eines Vorhangs und so den Platz eröffnen, der *Ihren* Gedanken, *Ihrer* Meinung zukommt. Der so entstehende Zwischenraum für eine eigene Sichtweise ist es, der eine lebendige Gesellschaft hervorbringt: die Leerstelle, die offene Frage, die auffordert zu Austausch, Diskussion und Überprüfung der eigenen Überzeugungen.

Lea Mara Eßer, Frankfurt am Main 2023

Stefan Lorenz Sorgner: Transhumanismus bedeutet Freiheit

Einleitung

Ich überwinde die Grenzen meines Körpers,
um mich mit einem größeren Schöpferkollektiv zu verbinden.
Ich überwinde Weiß oder Schwarz, um einfach ein Mensch zu sein.
Ich überwinde das Fleisch, um ein Bewusstsein zu sein.
Ich überwinde die Erde, um Teil der Galaxie zu sein.
Ich überwinde Grenzen, um unbegrenzt zu sein.

Martine Rothblatt

Vor etwa 14 Milliarden Jahren ereignete sich der Big Bang. Das Universum entstand und expandierte. Sonnensysteme formierten sich. Unsere Erde formte sich vor etwa 4,5 Milliarden Jahren, es dauerte noch eine weitere Milliarde Jahre bis zur Entstehung erster Lebensformen. Hierbei handelte es sich um einen faszinierenden Vorgang: Plötzlich gab es etwas, das zur Selbstbewegung in der Lage war und sich allein mit Energie versorgen konnte, weil es einen eigenen Metabolismus besaß. Aus Wasser, Luft und Blitzen ergab sich Leben, aus etwas Anorganischem entstand in einem wundersamen Vorgang Organisches. Das Phänomen Leben fasziniert uns noch heute. Spannend ist, dass sich aus unbelebter Materie Lebensformen entwickeln konnten. Wenn dies damals geschehen konnte, dann könnte es erneut geschehen. Könnten sich so auch siliziumbasierte Lebensformen entwickeln? Ist Leben auf einer Festplatte möglich? Gibt es hierfür nicht bereits erste Anzeichen? Ein Computervirus etwa ist zur Selbstbewegung in der Lage. Er benötigt jedoch einen Wirt, um mit Energie versorgt zu werden, hat also keinen eigenen Metabolismus – was ebenso auf nicht siliziumbasierte Viren zutrifft. Aus diesem Grund gelten beide als nicht lebendig. Sind sie aber nicht aufgrund ihrer vorhandenen Eigenschaften bereits so etwas wie »quasilebendige« Wesen? Ist der Schritt hin zum digitalen Leben nicht vielleicht viel kleiner als oftmals angenommen? Wenn vor 3,5 Milliarden Jahren aus unbelebter Materie Leben entstehen konnte, dann könnte diese Entwicklung prinzipiell auch auf Siliziumbasis geschehen. Der Transhumanist Ray Kurzweil geht davon aus, dass ein solcher Entwicklungsschritt nahe bevorsteht.[1] Aber auch wenn dies nicht der Fall sein sollte, bedeutet dies nicht, dass ein solcher Prozess unplausibel ist. Ist der Google Chatbot *LaMDA*[2] bereits ein erstes Anzeichen für eine derartige Entwicklung?

Vor etwa 530 Millionen Jahren entwickelten sich Säugetiere, Amphibien, Reptilien, Fische und Vögel. Seitdem ist es bereits fünf Mal zu einem Massenaussterben gekommen, vor 440, 372, 252, 202 und 66 Millionen Jahren. Zuweilen starben hierbei 95 Prozent aller maritimen Lebensformen aus. All dies geschah, lange bevor sich der erste Mensch überhaupt entwickelt hatte. Die entscheidende evolutionäre Abkopplung der Entwicklungslinien von Menschen und heutigen Menschenaffen geschah vor etwa 6 Millionen Jahren; wir stammen also nicht von den heutigen Menschenaffen ab. Vielmehr haben wir und sie gemeinsame Vorfahren. Der *homo sapiens* entstand letztendlich vor etwa 300 000 Jahren.[3] Entscheidend war hierbei eine Genmutation, die die organische Voraussetzung dafür darstellte, dass sich Sprache entwickeln konnte. Damit ist etwas Wundersames geschehen: Denn es ist die Sprache, die ganz eng mit unserer Vernunft verquickt ist. Um aber tatsächlich sprachfähig zu werden, bedarf es zusätzlich eines elterlichen und eines kulturellen Upgrades. Es ist diese kulturelle Steuerung, die uns zu sprachfähigen Wesen macht. Der Steuermann eines Schiffes wird im Altgriechischen als *kybernaetes* bezeichnet. Sprache ist als gesteuertes Upgrade unseres Organismus zu verstehen. Wir sind in diesem Sinne mit Sprache gesteuerte kybernetische Organismen. Wir erhalten eine stets idiosynkratische Sprachfähigkeit und damit auch eine spezielle Vernunft mittels eines elterlichen Upgrades. Durch das sprachliche Upgrade sind wir zu Cyborgs, kybernetischen Organismen geworden. Seitdem sind wir mit Sprache ausgestattete und damit vernunftfähige Cyborgs.[4]

Das katholische Narrativ geht seit einer Einsicht von Papst Pius dem IX. aus dem Jahr 1869 davon aus, dass wir die immaterielle Vernunftseele, und damit auch die Sprachfähigkeit, mit der Befruchtung erhalten.[5] Dieser Erzählung nach sind wir bereits ab diesem Zeitpunkt mit Vernunft ausgestattet. Die mangelnde Formierung des Körperlichen ist jedoch der Grund dafür, dass wir noch nicht tatsächlich in der Lage sind, uns sprachlich kundzutun. Mit der Vernunftseele tragen wir jedoch bereits das *imago dei* in uns, weshalb wir eine herausgehobene Würde besitzen, die uns von anderen rein materiellen Lebewesen unterscheidet. Nur aufgrund der immateriellen Vernunftseele gibt es so etwas wie eine einzige geeinte Vernunft. In der immateriellen Welt haben wir alle Anteil an dieser einen Vernunft. An diesem Vernunftkonzept hält sogar noch Habermas fest, wenn er betont, dass bestimmte Aspekte des Menschen der empirischen Analyse grundsätzlich verschlossen, dass sie also nicht innerhalb der materiellen Welt vorhanden sind.[6] Es ist diese anthropologische Ausrichtung, die innerhalb der westlichen Kulturgeschichte die vorherrschende war. Menschen bestehen aus einem materiellen Körper und einem immateriellen Funken, der das unveränderliche menschliche Wesen ausmacht.

Transhumanismus als *errungene* Freiheit

Es ist dieses Selbstverständnis, mit dem der Transhumanismus bricht: Er denkt den Menschen neu, nimmt Abstand zur vorherrschenden Überheblichkeit, zu allem Totalitären und Paternalistischen und sieht ihn als von einer Vielzahl von Zwängen befreites Wesen, das sich stets neu erfinden und modifizieren kann. Das bedeutet nicht nur für den je einzelnen Menschen eine kaum zu ermessende Verbesserung, sondern auch für unsere Gesellschaft einen Fortschritt, der meines Erachtens allein dadurch, dass er möglich ist, als förderungswert erachtet werden sollte. Der Transhumanismus befreit von beschränkenden Naturvorstellungen und diskriminierenden Strukturen wie Sexismus, Rassismus, Speziesismus und Heteronormativität, er führt die grundsätzliche Vergänglichkeit menschlicher Überzeugungen vor Augen und kann so in eine neue Haltung der Bescheidenheit führen.

Der Transhumanismus nimmt Darwins Einsicht ernst, dass es sich beim Menschen um ein evolutionäres Wesen handelt. Der Begriff ›Transhumanismus‹ wurde 1951 durch den ersten Generaldirektor der UNESCO, Julian Huxley, geprägt.[7] Sein Großvater war ›Darwin's bulldog‹, Thomas Henry Huxley, sein Halbbruder der Nobelpreisträger für Medizin Andrew Fielding Huxley und sein Bruder, ein eher technikkritischer Intellektueller, Aldous Huxley, dessen Roman *Schöne Neue Welt* auf zentrale Gefahren transhumanistischen Denkens aufmerksam macht. Julian Huxley fokussierte sich zu Recht auf die enormen Möglichkeiten, die mit einem angemessen Techniknutzen einhergehen, und durchdachte sie auf der Grundlage eines neuen Menschenbildes.[8]

Wird es in 300 000 Jahren noch Menschen geben? Wenn wir die Dynamiken des Entstehens und Vergehens aller Lebensformen in der Weltgeschichte vor Augen haben, ist es naheliegender, davon auszugehen, dass Menschen in 300 000 Jahren entweder ausgestorben sein oder sich weiterentwickelt haben werden. In der Vergangenheit entschied die natürliche Selektion darüber, welche Eigenschaften sich durchsetzen. Mit dem Voranschreiten neuer technischer Möglichkeiten haben wir die Option, immer stärker in die Evolution einzugreifen und auch die Evolution zu *enhancen*. Wir müssen nicht länger genetisches Roulette spielen und auf wohlwollende Schicksalsgöttinnen hoffen; vielmehr haben wir die Möglichkeit, eigenständig gestalterisch einzugreifen – ohne die Begrenzungen von Religionen und unangemessenen gesellschaftlichen oder politischen Normen. Es ist in diesem Sinne meines Erachtens plausibel, die einst immateriell konzipierte Vernunft als verkörperlichte zu denken, als *embodied mind*, als *sich evolutionär herausgebildeter Geist*. Eine kategorial dualistische Ontologie hat sich zu einer neuen Einheit verwunden, wobei bei der Verwindung vorhandene Stränge zu einem einzigen Garn verwoben werden. Gleichzeitig geht mit dieser Entwicklung die Möglichkeit einher, als Mensch gestalterisch tätig zu werden, und dies nicht nur befreit *von* allgemein anerkannten Selbstverständlichkeiten, sondern sogar befreit *zur* Schaffung neuer Lebensformen.

Hiermit hat ein zentraler kultureller Wandel stattgefunden. Lange Zeit bestand das menschliche Wesen in seiner immateriellen Vernunftseele. Mittlerweile hat sich die Vernunft konzeptionell zu einer evolutionär entstandenen verkörperlichten Vernunft entwickelt. Weiterhin haben wir realisiert, dass auch der menschliche Körper aus mehr nicht-menschlichen Zellen besteht als aus menschlichen. Er hat in etwa 30 Billionen menschliche und 39 Billionen nicht-menschliche Zellen, die sich größtenteils als Bakterien in unserem Darm befinden. Dies macht es noch viel schwieriger, die Grenzen des menschlichen Körpers zu bestimmen. Es wird noch komplexer, wenn wir die digitale Welt miteinbeziehen. Sollte das Smartphone als Teil unserer körperlichen Integrität betrachtet werden? Wenn einem Menschen mit Cochlea-Implantat, der dieses mit seinem Smartphone steuert, das Smartphone entwendet wird, handelt es sich dann um eine Verletzung von dessen körperlicher Integrität? In welchem Verhältnis stehen wir außerdem zu unseren Avataren im Metaversum? Wenn unser Avatar im Metaversum unsittlich bedrängt und berührt wird, wird dann unsere körperliche Integrität verletzt? Meines Erachtens sind wir als sich beständig verändernde sprachfähige Cyborgs zu betrachten, die größtenteils aus nicht-menschlichen Zellen bestehen und zu deren körperlicher Integrität auch siliziumbasierte Smartphones und digitale Avatare gezählt werden sollten.

Mit diesem revidierten Selbstverständnis lässt sich auf diskriminierende Strukturen aufmerksam machen, die mit unserem traditionellen Selbstverständnis einhergehen, das entscheidend durch Platon, die Stoiker, Descartes und Kant geprägt ist. Platons Höhlengleichnis war auf entscheidende Weise identitätsstiftend für die dualistische westliche Kultur. Die helle Sonne repräsentiert das unbedingt Gute, welches sich weit entfernt von den dunklen Schatten der Höhle befindet.[9] Hier lässt sich die kulturelle Grundstruktur des Rassismus verorten, da das Helle mit dem unbedingt Guten und das Dunkle mit dem Bösen identifiziert wird. Die Sonne repräsentiert weithin die Vernunft. Die Vernunft ist eine Eigenschaft, die kulturell für lange Zeit dem Männlichen zugeschrieben wurde. So ergaben sich die Voraussetzungen für den Sexismus. Außerdem wurde auf die Vernunft verwiesen, um Menschen von anderen natürlichen Lebewesen zu unterscheiden. So entstand der Speziesismus. Die Vernunft ermöglichte uns die Einsicht in ewige Wahrheiten, mit denen der Aletheismus einhergeht, die Diskriminierung aller Unwissenden, also all derer, die mit der einen Wahrheit nicht übereinstimmen. Eine dieser Wahrheiten, die sich dann mittels Aristotelischer Überlegungen entwickelte, war es, dass die natürliche Funktion unserer Genitalien darin besteht, sich fortzupflanzen. Sex zu haben, ohne dass die Möglichkeit der Fortpflanzung besteht, wurde in diesem Sinne zu etwas Unnatürlichem erklärt: So entstand die Heteronormativität.

Der Transhumanismus vertritt im Gegensatz dazu zumeist eine Anthropologie, die ein wissenschaftlich informiertes Selbstverständnis ernst nimmt, das davon abrückt, dass die immaterielle Vernunft unseren unveränderlichen Wesenskern ausmacht. Mit diesem Abrücken von der traditionell vorherrschenden Anthropologie geht auch die Kritik an den dahergebrachten diskriminierenden Strukturen einher. Dieses Abrücken ermöglicht uns eine neue Freiheit, denn aus dem Ende unseres Selbstverständnisses als Wesen mit einer immateriellen Vernunft ergibt sich unsere nicht-essentialistische Identität. So wird es möglich, den Menschen als evolutionär entstandenen, kontingenten Knotenpunkt mit einer durch Entwicklung entstandenen Vernunft zu verstehen, wobei die jeweils eigene Vernunft eine idiosynkratische ist. Zwar ähnelt die eigene Vernunft auf hinreichende Weise derjenigen der anderen, um eine pragmatisch hilfreiche Kommunikation zu ermöglichen. Letztlich handelt es sich bei Menschen um einzigartige und sich ständig in Veränderung befindliche Entitäten, die sowohl nicht-menschliche als auch menschliche Zellen umfassen. Wir sind in diesem Sinne hybride, sprachfähige und sich ständig in jedem Bezug verändernde Cyborgs mit der Fähigkeit, uns selbst upzugraden. Hiermit sind ganz besondere Freiheiten und die Möglichkeit zum Abrücken von gewalttätigen Diskriminierungsstrukturen verbunden. Es ist dieses Element des Transhumanismus, das viele der gegenwärtig Mächtigen der Welt vor dem Transhumanismus warnen lässt. Es ist kein Zufall, dass der konservative US-amerikanische Intellektuelle Francis Fukuyama den Transhumanismus für die gefährlichste Idee der Welt hält.[10] Auch der führende russische Intellektuelle Alexander Dugin warnt vor dem Transhumanismus, bezeichnet ihn gar als »eine Idee des Teufels«[11]. Der Vorsteher der russisch-orthodoxen Kirche, der Patriarch Kyrill der Erste, teilt diese Einschätzung.[12] Konservative Kreise haben Angst vor dem Transhumanismus, da mit ihm der »Wind of Change« einhergehe, mit dem jeder seine »True Colors« leben kann. An diesen Kritiken und der Richtung, aus der sie kommen, zeigt sich: Es ist die grundlegende Freiheit, zu der wir im Rahmen des Aufklärungsprozesses aufgebrochen sind, die sich mit dem Transhumanismus entfalten kann. Sie ist es, für die all jene kämpfen sollten, die sich eine Gesellschaft wünschen, die allen die Möglichkeit bietet, sich nach Belieben zu entfalten, befreit von Ausgrenzungen und Vorurteilen. Der Transhumanismus ist dazu imstande, auch noch die verkrusteten dualistischen Strukturen von Descartes und Kant zu überschreiten und so zu einem bereits von Heraklit beschriebenen Fluss zu gelangen, der aus einer Spinozistischen Psychophysiologie besteht, in dem sich kontingente Knotenpunkte formen und wieder lösen, um sich schließlich in neue Strukturen zu verwinden. Es handelt sich also um einen grundlegenden Paradigmenwechsel, der Auswirkungen auf alle Bereiche unserer Lebenswelt hat.

Mit der Abkehr von diskriminierenden Herrschaftsstrukturen geht die Einsicht einher, dass der Ursprung von Werten und Normen interessegeleitet ist: Werte und Normen sind von Personen gestaltete Fiktionen, die wir nach unserem Belieben und nach unseren Möglichkeiten gestalten können. Wenn sie nicht in unserem Interesse sind, kann ein Umformungsprozess in die Wege geleitet werden. Auch hier tritt die erfüllende Freiheit transhumanistischen Denkens hervor. Dieses Selbstverständnis hat immense ethische, künstlerische, kulturelle und politische Implikationen; es handelt sich um einen grundlegenden Paradigmenwandel. Das vorherrschende westliche Selbstverständnis der vergangenen 2500 Jahre kann auf diese Weise verwunden werden: Der »Schöne Neue Mensch«[13] kann sich nun entfalten – und zwar nicht, indem er gezwungen wird, sich der einen Idee des Schönen anzugleichen, sondern indem er nun die Möglichkeit hat, den ihm eigenen Bestrebungen, Wünschen und Begierden zu folgen. Um allen Personen diese Vorgehensweise zu ermöglichen, muss die eigene Freiheit dort aufhören, wo die Freiheit der anderen beginnt: Eine Person sollte einer anderen keinen direkten Schaden zufügen dürfen, da wir alle die Hilfe von anderen Personen benötigen. Selbst die stärkste, mächtigste und einflussreichste Person muss einmal schlafen und wird einmal krank und daher verwundbar. Es ist also im Interesse aller Personen, eine freiheitlich-demokratische Gesellschaftsstruktur zu akzeptieren. Was es bedeutet, einer anderen Person direkt zu schaden, muss ständig neu analysiert, diskutiert und erstritten werden. Allgemeingültige Einsichten sind unplausibel und werden häufig aufgrund von revidierten kulturellen Umständen herausgefordert. Es ist diese Freiheit, die wir in der Aufklärung erstritten und erkämpft haben und die nun mit Hilfe des Transhumanismus verteidigt und weiterentwickelt werden kann. Es handelt sich bei der Freiheit um eine errungene Norm, mit der die Abwesenheit von Zwang einhergeht, und nicht um eine ewige Wahrheit, die sich notwendigerweise entfaltet oder um eine besondere erkenntnistheoretische Einsicht. Wir sind weithin darüber übereingekommen, dass die Freiheit eine fantastische Errungenschaft ist, für die zu kämpfen sich lohnt. Sie ermöglicht es uns, unsere Entscheidungen basierend auf unseren eigenen Vorstellungen eines gelungenen Lebens zu treffen, ohne dass wir gezwungen sind, uns an die Vorgaben von politischen, militärischen oder religiösen Führungspersönlichkeiten zu richten. Es handelt sich bei ihr auch um keine Selbstverständlichkeit, die bestehen bleiben wird, sobald wir sie realisiert haben, sondern sie ist vielmehr in einem beständigen Prozess, für den wir uns immer und immer wieder einsetzen müssen und den wir vor den ständig sich revidierenden kulturellen, politischen und wissenschaftlichen Randbedingungen immer wieder neu deuten müssen.

Was Freiheit bedeutet und inwiefern keine Idee sie je so entschieden angestrebt und ihre Ermöglichung denkbar hat werden lassen wie der Transhumanismus, sollen die folgenden Spezifizierungen verdeutlichen.

Morphologische Freiheit

Eine zentrale Errungenschaft des Transhumanismus ist die Norm der morphologischen Freiheit, die das Recht umfasst, die eigene Gestalt gemäß den eigenen Vorstellungen umformen zu dürfen. Diese Norm ist von großer Bedeutung für das Recht, auf die unterschiedlichsten Techniken zur Selbstgestaltung zugreifen zu dürfen. Eine spannende Anwendung ist etwa das Neuroenhancement. Insbesondere zur Förderung des Schlafes, der Konzentration, der inneren Ruhe und der Aufmerksamkeit werden sogenannte Neuroenhancer heute schon vielfach eingesetzt. An manchen Universitäten in den USA soll jeder vierte Studierende vor einer Prüfung bereits auf Substanzen wie *Adderall* zurückgegriffen haben.[14] Auch das Recht, bewusstseinsverändernde Substanzen zu nutzen, ist ein Teil der morphologischen Freiheit, da man mit ihrer Hilfe den eigenen Körper zumindest temporär verändert. Im Silicon Valley ist die Mikrodosierung von LSD unter anderem zur Steigerung der eigenen Kreativität weit verbreitet.

Es gibt einen weiteren positiven Aspekt, den ich für zentral halte, und zwar die Steigerung von Achtsamkeit in Bezug auf unsere Umwelt: Der Transhumanismus plädiert für eine stärkere Einbindung körperlicher Übungen und bewusstseinsverändernder Substanzen in das Leben. Auf diese Weise kann ein Umdenken bezüglich des vorherrschenden Mensch-Umwelt-Verständnisses nahegelegt werden, mit dem eine neue Bescheidenheit des Menschen einhergeht. Etwa dadurch, dass der Mensch sich so nicht mehr als kategorial der Welt enthoben erfährt, sondern vielmehr direkt auf intime Weise relational in der Welt verhaftet. Ein Beispiel wäre hier eine mittels Neuroenhancement geförderte *Mindfulness*-Meditation[15], die auch als etwas begriffen werden kann, das festgefahrene Überzeugungen und Verhaltensweisen verändern kann. Insofern sind auch solche Eingriffe als Nutzung von der Freiheit zu betrachten, sich selbst so zu verwandeln, wie man sich zuvor konzipiert hat.

Die morphologische Freiheit impliziert auch das Recht, die eigene Geschlechtlichkeit dem eigenen Selbstverständnis anzupassen. Ein fantastisches Beispiel ist die transgender Transhumanistin Martine Rothblatt, die für lange Zeit die am besten bezahlte weibliche CEO der Vereinigten Staaten war.[16] Sie lebte viele Jahre lang in einer heterosexuellen Ehe, bis aus dieser eine homosexuelle wurde.[17] Die Partnerin blieb dieselbe. Entscheidend für eine Beziehung ist das relationale Miteinander und nicht notwendigerweise die eigene biologische oder auch kulturelle Geschlechtlichkeit. Für das relationale Miteinander sind geschlechtliche Kategorien nicht notwendigerweise zentral. Es kommt vielmehr auf die affektive Beziehung der betroffenen Personen an, was wiederum verdeutlicht, dass eine Zweierbeziehung nicht notwendigerweise ein Ideal repräsentieren muss. Glücklicherweise sind wir mittlerweile zumindest von der Vorstellung einer heterosexuellen Beziehung als einzig legitimem Ideal abgerückt, sodass vielerorts auch homosexuelle Paare heiraten dürfen. Warum sollte eine Ehe aber nicht auch zwischen mehreren einwilligungsfähigen erwachsenen Personen geschlossen werden dürfen? Zumal die neuesten Reproduktionstechniken gerade die Möglichkeiten, alternative reproduktive Entscheidungen zu treffen, signifikant erhöht hat.[18]

Mit dem revidierten Selbstverständnis geht im Transhumanismus auch ein verändertes Mensch-Tier-Verhältnis einher. Auch dieses wird von Martine Rothblatt aktiv in die Praxis umgesetzt. Seit langer Zeit besitzt sie eine Schweinefarm, die sie nutzt, um die Möglichkeiten von Xenotransplantationen von genetisch modifizierten Schweineorganen zu testen.[19] Anfang 2022 hat die FDA ihrem Unternehmen die Transplantation eines genetisch modifizierten Schweineherzens in einen Menschen erlaubt. Der Patient überlebte über zwei Monate mit diesem Herz. Der Einsatz von Mensch-Tier-Hybriden ist enorm vielversprechend. Die Forschung an solchen Hybriden wird gerade in Japan besonders aktiv vorangetrieben, da Forschenden dort sogar das Austragen solcher Hybride erlaubt wurde[20]. Insbesondere im Bereich der Transplantationsmedizin ist zu erwarten, dass auf diese Weise in absehbarer Zukunft das Leben hunderttausender Menschen gerettet werden kann.

Ein weiteres Beispiel der Relevanz der morphologischen Freiheit ist die Kryonik, also das Tieffrieren des Kopfes bzw. des gesamten Körpers nach dem Ableben. Nach der Feststellung des Todes muss in diesem Fall alles schnell gehen, sodass der Prozess in die Wege geleitet werden kann. Das Risiko, dass hierbei weitere Schäden an den Zellen des Körpers hervorgerufen werden können, ist enorm, weshalb meine eigenen Hoffnungen bezüglich der Kryonik eher bescheiden sind. Trotzdem macht diese Technik auf Möglichkeiten aufmerksam, deren Relevanz kaum absehbar ist. Gegenwärtig ist das weithin gültige Todeskriterium das des Ganzhirntodes, da davon ausgegangen wird, dass ein funktionierendes Gehirn notwendig ist, um Bewusstsein zu besitzen. Mit dem Ganzhirntod geht der irreversible Verlust des Bewusstseins einher. Ist dem aber tatsächlich so? Nicht notwendigerweise. Wenn mittels Bioprinting, synthetischer Biologie, Stammzellen und Nanorobotern die Wiederherstellung der Gehirnstrukturen realisiert werden könnte, die für die Dysfunktionalität des Gehirns verantwortlich sind, dann wäre auch der Ganzhirntod kein irreversibler Zustand mehr. Hierauf setzten zahlreiche Transhumanisten, die sich für die Kryonik entscheiden.[21] Es ist nicht unklug, so vorzugehen, denn ohne Kryonik ist mit dem Tod alles vorbei. Mit Kryonik besteht hingegen die, wenn auch geringe, Chance der Hoffnung auf Wiederbelebung. Sich für die Kryonik des eigenen Kopfes bzw. gesamten Körpers entscheiden zu dürfen, ist Teil der hier behandelten morphologischen Freiheit.

Erziehungsfreiheit

Eine andere wichtige Freiheit, die vom Transhumanismus gefordert wird, ist die Erziehungsfreiheit. Sie ist eine Norm, deren Bedeutung kaum überschätzt werden kann, und bezieht sich primär auf die Beziehung zwischen Eltern und ihrem Nachwuchs. Eltern haben das Recht und sogar die Pflicht, sich um die Erziehung des eigenen Nachwuchses zu kümmern, um deren Wahrscheinlichkeit auf ein gelungenes Leben zu erhöhen. Bei Zuwiderhandlung kann ihnen sogar wegen Vernachlässigung oder Kindeswohlgefährdung der eigene Nachwuchs entzogen werden. Hierauf haben wir uns geeinigt, und es handelt sich um eine wichtige kulturelle Errungenschaft.

Besonders spannend sind die Implikationen dieser Norm, wenn wir die Optionen bezüglich der gentechnischen Modifikationen genauer betrachten. Die Genschere, CRSPR/Cas9, ist die wahrscheinlich bedeutendste Erfindung des vergangenen Jahrzehnts, wenn nicht sogar der ersten Hälfte des 21. Jahrhunderts. Mittels *genome editing* kann präzise, günstig und einfach eine genetische Veränderung realisiert werden. Im Bereich von Pflanzen und Tieren ist der Einsatz bereits weit verbreitet. Spannend wird es, wenn es um den Menschen geht: Sollten Eltern das Recht haben, die Gene des eigenen Nachwuchses zu nicht-medizinischen Zwecken zu verändern?

Eltern haben in Deutschland das Recht und die Pflicht, den eigenen Nachwuchs erzieherisch so zu verändern, dass dessen Wahrscheinlichkeit auf ein gelungenes Leben erhöht wird. Hierzu gehört es, die Muttersprache und die Fähigkeiten des Rechnens und Schreibens zu vermitteln. Welche Regelungen sollten bezüglich Gentechniken getroffen werden? Wenn eine Impfung verlässlich, verfügbar und wichtig ist, kann eine Impfung sogar gesetzlich verpflichtend sein; jüngst hat man in Deutschland etwa die gesetzliche Impfpflicht für Masern wieder eingeführt. Was hier geschieht, ist eine biotechnische Veränderung der körperlichen Konstitution des eigenen Nachwuchses zur Förderung seiner Fähigkeiten. Es handelt sich also nicht um eine Therapie, trotzdem gilt ein solcher Eingriff aber als gerechtfertigt, da die Förderung der Gesundheit als Allzweckgut angesehen wird, welches in der Regel die Lebensqualität von Betroffenen erhöht. Der Nachwuchs ist in diesem Fall aber nicht krank.

Er muss deshalb nicht geheilt werden; es handelt sich also um einen verbessernden Eingriff: Zunächst war das Kind nicht immun gegenüber Masern, nach der Impfung ist dies aber der Fall.

Wie sollten vor diesem Hintergrund genetische Impfungen gegen den HI-Virus mittels *genome editing* rechtlich eingeschätzt werden? Sollten sie erlaubt werden? Sollten sie vielleicht sogar gesetzlich verpflichtend sein, sobald sie auf verlässliche Weise realisiert werden können? Sowohl bei der traditionellen Impfung als auch bei der genetischen ist die Zielsetzung die Erhöhung der Wahrscheinlichkeit, dass der eigene Nachwuchs eine gesteigerte Lebensqualität erlangt, da die Sorge vor einer AIDS-Erkrankung nicht mehr gegeben wäre. Erzieherische wie genetische Eingriffe können sowohl irreversible als auch reversible Implikationen haben. Es kann für jemanden praktisch unmöglich sein, die eigene Muttersprache oder das Zubinden von Schuhen wieder zu verlernen. Eine genetische Veränderung kann prinzipiell durch einen anderen genetischen Eingriff wieder rückgängig gemacht werden. Außerdem ist zu beachten, dass auch die traditionelle Erziehung aufgrund von epigenetischen Prozessen immer schon genetische Auswirkungen hatte, Gene wurden an- beziehungsweise ausgeschaltet und das Verhältnis der Gene zueinander wurde verändert. Bei der traditionellen Erziehung und der genetischen Veränderungen des eigenen Nachwuchses handelt es sich daher um strukturanaloge Prozesse, die auch moralisch analog bewertet werden sollten. Wenn die Fähigkeit, gesund zu bleiben, auf verlässliche und relativ risikofreie Weise gefördert werden kann, wie dies bei der Masernimpfung der Fall ist, dann kann dies auch zu einem gesetzlich verpflichtenden Eingriff werden. Wenn ein Kind auf analoge Weise mittels eines gentechnischen Eingriffs immun gegen HIV gemacht werden könnte, dann könnte ein solcher Eingriff auch gesetzlich verpflichtend sein. Wie wäre ein genetischer Eingriff zu bewerten, wenn mit ihm die Gesundheitsspanne, also die Zeitspanne, in der wir gesund am Leben sind, um durchschnittlich dreißig

Jahre verlängert werden könnte. Wäre es als Vernachlässigung zu begreifen, wenn Eltern einen solchen Eingriff nicht am eigenen Nachwuchs durchführen lassen würden?

Entscheidend ist an dieser Stelle, dass deutlich wird, dass die Erziehungsfreiheit aufgrund der Möglichkeit von modifizierenden Gentechniken wohl noch erweitert werden sollte, sodass sie auch das Recht umfasst, den Nachwuchs genetisch zu modifizieren, wenn auf diese Weise mit hoher Wahrscheinlichkeit die Lebensqualität des Nachwuchses signifikant erhöht werden kann. Die elterlichen Wahlmöglichkeiten würden so auf bedeutsame Weise gesteigert werden. Wenn es der Fall sein sollte, dass mittels *genome editing* eine signifikant verlängerte Gesundheitsspanne auf verlässliche Weise gefördert werden kann, dann wäre der individuelle Vorteil so enorm, dass er meines Erachtens auch durch die öffentliche Krankenkasse übernommen werden sollte.

Wenn wir die hier erwähnten Beispiele vor dem Hintergrund der vorangegangenen allgemeinen Überlegungen zum Transhumanismus überdenken, dann wird deutlich, dass auch der verbessernde Einsatz nicht moralisch verwerflich sein muss. Möglicherweise könnte die genetische Verbesserung sogar gesetzlich verpflichtend werden, wenn sie auf verlässliche Weise realisiert werden könnte. Sowohl bei der traditionellen Erziehung als auch bei der modifizierenden Gentechnik handelt es sich um verändernde Maßnahmen. Eltern modifizieren ihren eigenen Nachwuchs, um deren Wahrscheinlichkeit auf ein gelungenes Leben zu erhöhen. Genauso wie der Kindesmissbrauch im Rahmen der Erziehung moralisch verwerflich und rechtlich verboten ist, ist eine analoge Vorgehensweise bezüglich der genetischen Modifikation ebenso zu handhaben. Es ist aber genauso richtig, dass die genetische Veränderung zu verbessernden Zwecken durchaus auch moralisch angemessen sein kann. Unter gegebenen Umständen könnte ein solcher Eingriff sogar so angemessen sein, dass es moralisch falsch wäre, nicht auf ihn zurückzugreifen.

Verbessernde Prozesse geschehen, wie anfangs ausgeführt, seit Menschen aufgrund einer genetischen Mutation entstanden sind, indem sie die Voraussetzung für die Fähigkeit zu sprechen erlangt haben. Damals handelte es sich um ein Upgrade, das mittels natürlicher Selektion entstand. Nun haben wir die Möglichkeit, den Prozess bewusst weiterzusteuern. Statt Eltern bevormundend vorzuschreiben, wie sie mit ihrem Nachwuchs umzugehen haben, sollte ihnen eine angemessene Freiheit in Bezug auf ihre Erziehung zugestanden werden, was eben auch bedeuten kann, den Nachwuchs genetisch zu verändern. Schließlich handelt es sich bei der Erziehung und der genetischen Modifikation des eigenen Nachwuchses durch die Eltern um strukturanaloge Prozesse. Statt hier unplausible bevormundende Strukturen zu schaffen und die Erziehungsfreiheit zu begrenzen, sollte diese Strukturanalogie ernst genommen werden. Auch dieses Beispiel verdeutlicht, dass es sich bei transhumanistischen Anliegen um Bemühungen der Förderung von Freiheit handelt. Nicht weniger als die Fülle des Lebens in seiner bunten Vielfältigkeit kann mit einer transhumanistischen Grundhaltung realisiert werden. Statt rigider totalitärer Strukturen werden verkrustete Vorurteile aufgebrochen, um neue Möglichkeiten personalen Florierens zu eröffnen.

Reproduktionsfreiheit

Eine weitere Freiheit, die für den Transhumanismus wichtig ist, ist die Reproduktionsfreiheit. Sie ist besonders bedeutend vor dem Hintergrund eines kulturellen Prozesses, der bereits seit einiger Zeit im Gange ist: Die Separation der Sexualität von der Reproduktion. In der langen Tradition des aristotelischen Naturrechts bestand eine enge Verbindung zwischen beiden Elementen: Sex ist nur natürlich, wenn die Möglichkeit der

Reproduktion gegeben ist. Um die beiden Prozesse voneinander abzukoppeln, wurden stets neue Techniken entwickelt: Kondom, Pille, künstliche Befruchtung, Leihmutterschaft und schließlich die künstliche Gebärmutter, an der bereits in den Niederlanden gearbeitet wird. Für Lämmer wurde bereits ein sogenanntes Biobag entwickelt. Alle diese Entwicklungen ermöglichen es uns, die Sexualität immer klarer von der Reproduktion abzukoppeln. Sexualität würde dann der Unterhaltung dienen, wohingegen die Reproduktion technisch realisiert wird, um auf diese Weise die Wahrscheinlichkeit einer verbesserten Lebensqualität zu fördern. Eine Frau müsste dann, um sich fortzupflanzen, nicht mehr auf Alkohol, Zigaretten oder intensive körperliche Betätigungen verzichten, da die Schwangerschaft nicht in ihrer internen Gebärmutter stattfände, sondern in einer externen. Es gibt zahlreiche weitere Vorteile, die sich aus dieser Technik ergeben könnten. Etwa könnte die »biologische Uhr«, die heute vielen Frauen das Leben erschwert, plötzliche keine Rolle mehr spielen. Der Transhumanist Zoltan Istvan geht sogar von einer zeitnahen Realisierung der folgenden Option aus: So könnte es bereits im Jahr 2028 für eine 50-jährige Frau sicherer sein, ein Kind zu bekommen, als es für eine 25-jährige Frau im Jahr 2018 war.[22] Wenn dieser Druck der Entscheidung wegfiele, könnte sich das auch positiv auf die Karrieremöglichkeiten von Frauen auswirken: Sie könnten sich ganz auf ihre Arbeit und die Ausübung ihrer Talente und Präferenzen konzentrieren, falls dies in ihrem Interesse ist, ohne befürchten zu müssen, keine Familie mehr gründen zu können. Zudem würden die gesundheitlichen Risiken einer Schwangerschaft wegfallen, die zurzeit ebenfalls nur Frauen betreffen – so könnte auch hier ein weiterer Schritt in Richtung Geschlechtergerechtigkeit getan werden. Auch an diesem Punkt zeigt sich, dass der Transhumanismus dafür steht, alte Selbstverständlichkeiten aufzubrechen, die Menschen beschränken und daran hindern, ein selbstbestimmtes und freies Leben zu führen.

Eine andere Form der Reproduktionsfreiheit wurde zuvor bereits angedeutet. Die Möglichkeit von zwei Frauen und einem Mann, biologisch verwandten Nachwuchs zu realisieren. Ursprünglich wurde diese Technik entwickelt, um es Frauen mit einem bestimmten mitochondrialen Defekt zu ermöglichen, biologisch eigene Kinder zu bekommen. Eine weibliche Eizelle besteht aus einem Zellkern und einer Zellhülle mit den sich darin befindlichen Mitochondrien. Bei diesem Prozess werden einer zweiten Frau Eizellen entnommen, die dann entkernt werden, um im nächsten Schritt die Zellkerne der ersten Frau hierein zu verpflanzen. So ergibt sich eine Eizelle mit dem genetischen Material von zwei Frauen. Diese Eizelle wird dann mit einem Spermium befruchtet. Unabhängig von der Option, dass auf diese Weise eine Frau mit dysfunktionalen Mitochondrien biologisch verwandte Kinder haben kann, könnte diese Technik auch bei einem lesbischen Paar oder einer polyamourösen Beziehung aus zwei Frauen und einem Mann angewendet werden. Dann hätte man fast schon eine traditionelle Familie: Mutter, Mutter, Vater und ein biologisch verwandtes Kind. Eigentlich sollte einer solchen Liebesbeziehung auch die Möglichkeit der Ehe gegeben werden, so dies in ihrem Interesse ist. Eine Ehe beruht schließlich primär auf dem Versprechen, gegenseitig füreinander zu sorgen. Eine solche vertragliche Organisation ist im Interesse aller Betroffenen sowie auch im Interesse des Staates, da dieser nicht für eine Person aufkommen muss, sobald es dieser schlecht geht – hierzu verpflichten sich schließlich die Ehepartner. Es ist also festzuhalten, dass auch eine freiheitlichere Regelung von Ehe und Familie zu einem transhumanistischen Selbstverständnis gehört.

In die lebensweltliche Praxis ließe sich auch eine andere Technik unmittelbar umsetzen, die das Themenfeld der Reproduktion betrifft: Die Möglichkeit der Selektion von befruchteten Eizellen nach der künstlichen Befruchtung und der anschließenden Präimplantationsdiagnostik. Doch was bedeutet das eigentlich? Im Rahmen der künstlichen Befruchtung werden einer Frau Eizellen entnommen. In Deutschland handelt es sich hierbei um drei Eizellen, in Großbritannien können es durchaus einmal vierzehn sein. In Deutschland müssen alle drei Zellen nach der Befruchtung implantiert werden.[23] In Großbritannien besteht nach der Befruchtung aller entnommenen Eizellen[24] die Notwendigkeit der Selektion, da schließlich nur drei Zellen implantiert werden. Der Grund hierfür ist, dass die Nidationsrate etwa bei einem Drittel liegt, dies bedeutet, dass nur jede dritte befruchtete Eizelle sich in der Gebärmutter festsetzt.[25] Die anderen beiden werden in einer etwas stärkeren Regelblutung ausgeschwemmt. Bei drei befruchteten Eizellen ist die Wahrscheinlichkeit besonders hoch, dass eine erfolgreiche Schwangerschaft stattfindet. Da in der Regel bei einer traditionellen Befruchtung nicht mehrere befruchtete Eizellen vorhanden sind, kann es im Rahmen der künstlichen Befruchtung vermehrt auch zu Mehrlingsschwangerschaften kommen.

Im Falle des Vorgehens im Rahmen der künstlichen Befruchtung wie in Großbritannien muss also entschieden werden, welche drei befruchteten Eizellen ausgewählt werden. Die Frage ist, auf welchem Weg das am besten geschehen sollte? Eine Möglichkeit ist die visuelle Überprüfung. Etwas aufwendiger, aber verlässlicher, ist die genetische Diagnostik. Auch hierbei bestehen mehrere Möglichkeiten. Eine Option besteht darin, im Acht- bis Zehn-Zellstadium ein bis zwei Zellen zu entnehmen und diese anschließend zu untersuchen. Eine Analyse durchzuführen, bedeutet jedoch, die entsprechenden Zellen zu zerstören. Auch dieser Prozess kann als problematisch angesehen werden, zumal es sich in diesem Fall noch um totipotente Zellen handelt, was bedeutet, dass aus ihnen prinzipiell noch ein gesamter Mensch entstehen könnte. Eine andere Herausforderung ist die Frage, was mit den nicht ausgewählten Zellen geschieht. Sie könnten tiefgefroren, entsorgt oder zur Forschung verwendet werden. Auch die Zellen, die implantiert werden, können sich gegen ihre Auswahl nicht wehren. Handelt es sich in diesem Sinne nicht in allen drei Fällen um eine moralisch verwerfliche, reine Instrumentalisierung? Wenn davon ausgegangen wird, dass eine befruchtete Eizelle bereits eine Person ist, dann könnte so argumentiert werden. Diese Einschätzung wird von Transhumanisten aber in der Regel nicht geteilt: Befruchtete Eizellen haben weder ein Gehirn noch ein Nervensystem, daher können sie nicht leiden. Warum sollte ihnen also ein besonderer moralischer Status zukommen? Es ist eine offene, moralische Frage, ob befruchtete Eizellen Personen sind oder nicht. In einem weltanschaulich neutralen Staat sollten Frauen nicht dazu gezwungen werden, befruchteten Eizellen den Personenstatus zusprechen zu müssen. Wie aber sollte in einem liberal-demokratischen Staat rechtlich bei der Selektion von befruchteten Eizellen vorgegangen werden?

Vor einiger Zeit wurde die Option der Selektion nach der In-vitro-Fertilisation, also der künstlichen Befruchtung, und der Präimplantationsdiagnostik in Deutschland intensiv diskutiert, jedoch ist man zu keinem plausiblen Ergebnis gekommen.[26] Herausgestellt wurde häufig das Risiko, dass die Vorgehensweise zu einer Diskriminierung von Menschen mit Behinderung führe.[27] Aus diesem Grund wurde entschieden, dass die Präimplantationsdiagnostik nur dann angewendet werden dürfe, wenn ein hohes Risiko von der Entstehung von Menschen mit Behinderung gegeben ist. Das muss in Anbetracht der Ursache der Diskussion als vollkommen absurde Regelung eingeschätzt werden: Eigentlich handelt es sich bei der Präimplantationsdiagnostik um einen moralisch verwerflichen Prozess, bei dem das Risiko der Stigmatisierung von Menschen mit Behinderung besteht. Dieser moralisch verwerfliche Vorgang darf jedoch durchgeführt werden, wenn ein hohes Risiko der Entstehung von Menschen mit Behinderung gegeben ist, sodass deren Entstehung verhindert werden kann. Hierbei handelt es sich um eine moralisch höchst problematische eugenische Praxis, die meines Erachtens dringend revidiert werden sollte.

Eine freiheitlichere transhumanistische Regelung hätte keine stigmatisierenden Implikationen und würde weiterhin das Recht auf Reproduktionsfreiheit auf angemessene Weise berücksichtigen. Genauso wie kompetente Erwachsene das Recht haben sollten, sich den Partner oder künftig vielleicht auch die Partner, mit denen sie sich fortpflanzen wollen, frei auswählen zu dürfen, so sollten sie auch das Recht haben, frei die befruchteten Eizellen zur Weiterentwicklung auswählen zu dürfen. Erneut handelt es sich um eine strukturelle Analogie. Bei der Partnerwahl zu Fortpflanzungszwecken bestimmt jeder Mensch den Genpool des eigenen Nachwuchses. Etwa die Hälfte kommen von ihm selbst und etwa die andere vom Partner. Das sind aber noch nicht 100 Prozent der genetischen Voraussetzungen, da im Laufe der weiteren Entwicklung epigenetische Prozesse auftreten, die einen Einfluss auf die Gene haben. Bei der Partnerwahl zu Fortpflanzungszwecken ist also eine gewisse genetische Ausrichtung vorgegeben, eine vollkommene genetische Bestimmung wird hiermit jedoch nicht vorgenommen. Gleiches gilt für die Selektion nach IVF und PID. Eine gewisse Vorentscheidung wird getroffen, aber der weitere Verlauf der Entwicklung wird ebenso noch Einfluss auf die tatsächliche Ausrichtung der Gene haben. Entscheidend sind jedoch die Möglichkeiten, die mit diesem Prozess verbunden sind. Je mehr wir über Gene und korrelierende Eigenschaften wissen, desto bewusster kann die Entscheidung im Rahmen der Selektion getroffen werden. Täglich erlangen wir mehr Wissen bezüglich der Möglichkeiten unserer Gene. *23andme*, ein Unternehmen, das die genetischen Informationen von Privatpersonen überprüft, hat weltweit bereits über zwölf Millionen Klienten.[28] Die Bedeutung von Korrelationen zwischen Genen und Eigenschaften kann kaum überschätzt werden. Je mehr wir wissen, desto besser können wir die Wahrscheinlichkeit fördern, dass der eigene Nachwuchs ein erfülltes Leben haben wird, was das Anliegen aller Eltern sein sollte. Es kann im Leben selbstredend stets etwas schiefgehen. Mit Hilfe dieser fantastischen Technik haben wir jedoch die hervorragende Option, das, was wir beeinflussen können, tatsächlich in die Praxis umzusetzen. Möglichkeiten zu scheitern, zu sterben und mit anderen schweren Schicksalsschlägen konfrontiert zu werden, sind ohnehin genügend gegeben. Aus diesem Grund sollten wir zumindest das kontrollieren, wozu wir in der Lage sind. Mit der Technik der Selektion nach einer künstlichen Befruchtung und anschließender Präimplantationsdiagnostik lassen sich Krankheiten ausschließen, Eigenschaften auswählen und problematische Reaktionen auf wichtige Medikamente vermeiden.

Es handelt sich hierbei um eine bereits weit entwickelte Technik. Trotzdem ist deren Anwendung in Deutschland weithin verboten, da befruchteten Eizellen hier ein besonders hoher Stellenwert zukommt. Ein transhumanistischer Ansatz sähe anders aus. Der Bevölkerung dürfte nicht auf paternalistische Weise ein weltanschaulich so starkes Urteil gesetzlich vorgeschrieben werden. Diese Regelung scheint mir den Grundzügen einer liberal-demokratischen Grundordnung zu widersprechen. Eine laizistische Staatsorganisation, bei der Staat und Kirche klar voneinander getrennt sind, böte einen viel angemesseneren Ansatz mit diesen Herausforderungen umzugehen. Grundsätzlich sollte bei weltanschaulich stark aufgeladenen Fragestellungen, die gesellschaftlich hoch umstritten sind, und bei denen sich große Bevölkerungsgruppen anders positionieren, als es gesetzlich vorgegeben ist, eher so vorgegangen werden, dass eine freiheitliche Grundhaltung vorherrscht und Individuen selbst bestimmen können, welcher Regelung sie folgen wollen. *In dubio pro libertate.*

In diesem Fall würde der Reproduktionsfreiheit eine angemessene Berücksichtigung zukommen, sodass frei ausgewählt werden könnte, welche befruchteten Eizellen implantiert

werden sollten. Die mit der diesbezüglich gegenwärtig gülti-
gen rechtlichen Regelung einhergehende Diskriminierung
von Menschen mit Behinderung könnte auf diese Weise abgeschafft werden. Ein eigentlich verbotener Vorgang (die Selektion nach der künstlichen Befruchtung und anschließender
Präimplantationsdiagnostik) ist rechtlich gegenwärtig nur dann
erlaubt, wenn ein hohes Risiko der Entstehung von Menschen
mit Behinderung vorhanden ist. Ein Grund zur Einführung
dieser rechtlichen Handhabung war die Sorge vor einer möglicherweise zunehmenden Diskriminierung von Menschen mit
Behinderung bei einer freiheitlicheren Regelung. Diese Art der
Argumentation grenzt fast schon an einen Schildbürgerstreich.

Bei einer alternativen Regelung, bei der der Reproduktionsfreiheit eine stärkere Bedeutung zukäme, könnten noch weitere gesellschaftliche Herausforderungen auftreten, auch hinsichtlich des Themas Behinderung. Welche Grenzen sollten
hinsichtlich der Wahl von Eigenschaften im Rahmen der Selektion nach künstlicher Befruchtung und anschließender Präimplantationsdiagnostik bestehen? Ist es stets besser geboren
zu werden als nicht? Gibt es so etwas wie ein Leben, das es
nicht wert ist, gelebt zu werden?

Hierbei handelt es sich um keine trivialen moralischen Herausforderungen. Diesbezüglich sei nur einmal an Hautfarbe,
Geschlecht und sexuelle Orientierung als mögliche Kriterien
gedacht. In allen diesen Fällen sind für lange Zeit starke diskriminierende Strukturen vorhanden gewesen. Sollten Eltern
sich bewusst für ein homosexuelles Kind entscheiden dürfen,
angenommen, dass mit einer bestimmten Wahrscheinlichkeit
eine solche sexuelle Orientierung genetisch festgestellt werden
kann? Wenn dies der Fall sein sollte, sollten dann Eltern auch
das Recht haben, sich bewusst für ein heterosexuelles Kind zu
entscheiden? Sollten Eltern sich bewusst für ein ›Rettungskind‹
entscheiden dürfen, also für ein Kind, das geeignet ist, für eine
vorhandenes Kind etwa eine Niere zu spenden? Sollte die Ei-

genschaft der Taubheit ein entscheidendes Kriterium für die Auswahl von befruchteten Eizellen sein?

In den USA gab es ein taubes lesbisches Professorinnen-Paar, das an einer Universität unterrichtete und in einer Gemeinschaft lebte, in der sich primär Gehörlose befanden. Aus deren Perspektive schien es im Interesse ihres möglichen Kindes, wenn es ebenso taub sei. Sie gingen davon aus, dass Gehörlosigkeit keine Behinderung, sondern nur eine Andersheit sei, mit Taubheit eine besondere Sensibilität in anderen Bereichen einherginge, die Hörenden verschlossen bliebe, und in dem Umfeld, in dem sie lebten, Taubheit sogar eher ein Vorteil sei. Aus diesem Grund wollten sie im Rahmen der künstlichen Befruchtung, auf Spermien eines gehörlosen Freundes zurückgreifen, in dessen Familie die Taubheit seit Generationen vorhanden ist. Der Wunsch mit dessen Spermien den Prozess der künstlichen Befruchtung durchzuführen, wurde in einem bestimmten Gebiet in den USA gewährt. Entscheidend war hierfür wohl auch, dass der Prozess der Auswahl keine schädigende Handlung darstellt. Der Geborene könnte nie sagen, warum habt ihr bei mir die Eigenschaft der Taubheit ausgewählt. Diese Frage wäre zumindest keine sinnvolle, schließlich bestand nicht die Auswahl zwischen dem Kind x mit oder ohne die Eigenschaft der Taubheit, sondern vielmehr gab es allerhöchstens die Option, zwischen dem tauben Kind x und dem hörenden Kind y zu wählen. Wurde dem Kind x ein Schaden zugefügt, indem es zur Implantation ausgewählt wurde? Dies ist sicherlich nicht der Fall. Von Schaden könnte ausschließlich dann gesprochen werden, wenn eine wertgeschätzte vorhandene Eigenschaft weggenommen wird. Im Rahmen der Selektion könnte es sich allerhöchstens dann um eine moralisch problematische Prozedur handeln, wenn es sich später um ein Leben handeln würde, das es nicht wert ist, gelebt zu werden. Dies ist bei der Taubheit sicherlich nicht der Fall, ein tauber Mensch kann ebenso ein gelingendes Leben führen wie ein hörender. In welchen Fällen dies überhaupt gegeben sein könnte, ist keine einfach zu beantwortende Frage. Ein analoger Fall zu dem des tauben lesbischen Paares könnte auch im Rahmen der Selektion nach künstlicher Befruchtung und anschließender Präimplantationsdiagnostik auftreten. Da es sich bei der Selektion nicht um eine Schädigung handelt und taube Menschen genauso gut ein gelungenes Leben führen können wie Hörende, handelt es sich um eine moralisch legitime Wahloption, die die Norm der Reproduktionsfreiheit auf angemessene Weise berücksichtigt. Diese Einschätzung wird weiterhin dadurch unterstrichen, dass ein Teil der Gehörlosengemeinschaft die Taubheit nicht für eine Behinderung ansieht, sondern nur für eine Andersheit. Der Aspekt der gesellschaftlichen Untermauerung sollte zwar nicht entscheidend sein, sollte im Kontext von Moralurteilen jedoch durchaus eine Rolle spielen. Aus diesem Grund soll hier auch kein endgültiges Konzept vorgestellt werden, bei welchen Eigenschaften es sich um legitime Wahloptionen handelt und bei welchen dies nicht zutrifft. Der jeweils vorherrschende gesellschaftliche, soziale und kulturelle Kontext sollte bei der Behandlung dieser Fragestellung stets mitberücksichtigt werden. Außerdem sollte auch die bereits angesprochene Strukturanalogie zwischen der Partnerwahl zu Fortpflanzungszwecken und der elterlichen Auswahl von befruchteten Eizellen berücksichtigt werden. Wenn diese gegeben ist und strukturanaloge Prozesse auch moralisch strukturanalog behandelt werden sollten, dann könnte auch wie folgt argumentiert werden. Wenn die Selektion von befruchteten Eizellen mit der Eigenschaft der Taubheit rechtlich verboten ist, müsste auch einem tauben Paar, wenn deren Taubheit eine genetisch bedingte ist, die Fortpflanzung verboten werden, da auch in diesem Fall die Wahrscheinlichkeit der Entstehung eines tauben Menschen hoch ist. Mit einer solchen Vorgehensweise wären wir in der Tat in einer moralisch verwerflichen eugenischen Gesellschaft angekommen, in der die wunderbare gesellschaftliche Errungenschaft der Freiheit untergraben wird. Dieser Gedanke sollte uns nicht nur die Relevanz der Freiheit vor Augen führen, sondern er sollte uns ebenso verdeutlichen, dass mit einer stärkeren Berücksichtigung der Reproduktionsfreiheit im Rahmen der Selektion auch eine Bewegung einhergeht, die immer stärker von der Stigmatisierung von Menschen mit Behinderung abrückt.

Bei einer angemessenen Berücksichtigung der Reproduktionsfreiheit würde die fantastische Möglichkeit der Selektion nach IVF und PID als weitere reproduktive Option bestehen. So könnte das zentrale transhumanistische Anliegen, die Pluralität personalen Florierens, weiter gefördert werden. Diese Technik ist eine der vielversprechendsten bereits vorhandenen diesbezüglichen technischen Möglichkeiten. Je mehr Big-Gene-Data-Analysen wir durchgeführt haben werden, desto mehr Korrelationen werden wir erkennen, um stets genauere Einsichten bezüglich der möglichen Auswahloptionen zu generieren.

Keine Freiheit ohne Gesundheit

Bislang wurde die Freiheit im Zusammenhang mit dem Transhumanismus als Abwesenheit von Zwang betont. Ein angemessener Freiheitsbegriff sollte jedoch nicht auf die Abwesenheit von Zwang beschränkt bleiben. Es gibt zwar einige Transhumanisten, die für libertäre politische Strukturen plädieren, wie etwa Peter Thiel oder Zoltan Istvan.[29] Diese sind jedoch auch unter Transhumanisten hoch umstritten. Es ist entscheidend zu realisieren, dass zur angemessenen Entfaltung von Freiheit zusätzlich gewisse Voraussetzungen erfüllt werden sollten. Insbesondere die Gesundheit spielt hier eine zentrale Rolle; eine Einsicht, die charakteristisch für den Transhumanismus ist. Gerade wenn es um die Frage geht, was ein gelungenes Leben ausmacht, ist jede allgemeingültige inhaltliche Aussage höchst problematisch. Die einzige Einsicht, die weithin im Transhumanismus geteilt wird, ist die, dass eine verlängerte Gesundheitsspanne die personale Lebensqualität fördert.

Es ist hier wichtig, dass nicht einfach von einer erhöhten Lebensspanne gesprochen wird, da das Leben um des Lebens willen allein für viele Personen keine notwendige Erfüllung darstellt. Im Bett zu liegen, am lebendigen Leibe zu verfaulen, keine Spaziergänge machen zu können oder allein ohne Freunde, Bekannte und Familienangehörige bettlägerig im Krankenhaus an Maschinen angeschlossen zu überleben, ist für viele Personen kein lebenswertes Leben mehr. Dies bedeutet selbstverständlich nicht, dass es nicht einzelne Personen gibt, die auch ein solches Leben für lebenswert erachten. Hiermit soll nur veranschaulicht werden, warum eine Verlängerung der Lebensspanne nicht notwendigerweise mit einer hohen Lebensqualität gleichzusetzen ist. Es geht im Transhumanismus deshalb immer um eine Verlängerung der Gesundheitsspanne. Psychologische Studien bekräftigen, dass die meisten Personen Gesundheit mit einer hohen Lebensqualität identifizieren. Die Begründungen hierfür sind vielfältig. Für manche Personen ist es hinreichend, gesund zu sein, um gut zu leben. Die Gesundheit ist bei ihnen ein intrinsischer Wert. Für andere ist die Gesundheit nur von instrumenteller Bedeutung, etwa weil es zum Beispiel notwendig ist, gesund zu sein, wenn man weite Reisen unternehmen möchte.

Sich ohne Zwang entscheiden zu dürfen ist allein meist nicht hinreichend für eine gute Lebensqualität. In der Regel muss auch der Gesundheitszustand mitbedacht werden, da eine verlängerte Gesundheitsspanne häufig mit einer besseren Lebensqualität einhergeht. Die technischen und gerade auch medizintechnischen Errungenschaften der vergangenen zweihundert Jahre haben dazu geführt, dass sich die durchschnittliche Lebenserwartung in diesem Zeitraum weltweit verdoppelt hat, von vierzig auf achtzig Jahre. Hierbei handelt es sich – wenn die längere Lebenserwartung denn mit einer längeren Gesundheitsspanne einhergeht – um eine fantastische Errungenschaft, die die allgemeine Lebensqualität enorm gefördert hat. Allein in den vergangenen fünfzig Jahren hat sich die durchschnittliche Lebensdauer in Deutschland um fünfzehn Jahre erhöht. Auf individueller Ebene macht dies einen enormen Unterschied. Gleichzeitig ist festzustellen, dass mit der Steigerung der Leistungsfähigkeit auch die enorme Herausforderung einhergeht, dass die Kosten von Medizintechniken enorm gestiegen sind. Die praktischen Auswirkungen dieser Einsicht sehen wir an der durchschnittlichen Lebenserwartung in Europa und den USA. Während in Europa die durchschnittliche Lebenserwartung bei achtzig Jahren liegt, ist diese in den USA um einige Jahre geringer. Dies liegt im Übrigen nicht daran, dass die medizintechnische Versorgung in den USA schlechter ist als in Europa, vielmehr trifft das Gegenteil zu. Die Medizintechnik zur erfolgreichen Behandlung besonderer Arten von Krebs, die an US-Kliniken zuweilen angeboten werden kann, ist derzeit in Europa nicht gegeben. Es kann sogar notwendig sein, in die USA zu fliegen, um bestimmte Erkrankungen behandeln zu lassen. Das Problem ist ein finanzielles: Wer kann sich diese Behandlungen leisten? In den USA sind dreißig Millionen Personen unversichert. Dies ist ein entscheidender Faktor für die signifikant geringere durchschnittliche Lebenserwartung in den USA im Vergleich zu Europa. In Europa mag manche Spitzentechnik zwar nicht vorhanden sein, jedoch haben wir eine allgemeine öffentliche Krankenversicherung, die allen Personen eine relativ gute Grundversorgung bietet. Selbstredend macht es auch hier einen Unterschied, ob man sich in Deutschland, Italien oder Bulgarien behandeln lässt. Die finanziellen Möglichkeiten spielen bei der medizinischen Versorgung selbstverständlich eine zentrale Rolle. Eine Behandlungsform, die in Deutschland von der allgemeinen öffentlichen Krankenkasse getragen wird, mag in Italien nur für Privatpatienten verfügbar sein. Freiheit setzt in unseren Gesellschaften stets ein gewisses Maß an finanziellem Wohlstand voraus, was insbesondere hinsichtlich der Möglichkeit einer Förderung der Gesundheitsspanne relevant ist.

Eine gut funktionierende öffentliche Krankenversicherung muss natürlich irgendwie finanziert werden. Hier kommt der Nutzen von persönlichen digitalen Daten ins Spiel, der leider aufgrund der GDPR in Europa besonders schwierig ist. Privatheit hinsichtlich der Zugriffsmöglichkeit auf personalisierte digitale Daten spielt in Europa eine grundlegende Rolle. Dies wird in den USA und China anders gehandhabt: In den USA ist es für die großen Technologieunternehmen ein Leichtes, auf solche Daten zuzugreifen. Insbesondere mit Hilfe von Social-Media-Plattformen wird eine Vielzahl derartiger Daten gesammelt, die dann getauscht, verkauft und analysiert werden können. Die Relevanz personalisierter digitaler Daten kann kaum überschätzt werden. Daten sind das neue Öl, betont der britische Mathematiker Clive Humby.[30] Bei Öl handelt es sich zwar um eine natürliche Ressource, bei Daten dagegen um intellektuelles Eigentum, aber trotzdem kann diesem Urteil nur zugestimmt werden. Öl wie Daten bedeuten Macht, Reichtum und Einfluss. Big-Data-Analysen personalisierter digitaler Daten sind nicht nur für das Marketing unerlässlich, sondern sie sind auch von fundamentaler Bedeutung für politische Entscheidungen, die Forschung in den Sozial- und Naturwissenschaften, die technische Innovation im Ingenieurwesen und die Realisierung effizienter Medizintechniken.

In China ist die Politik der entscheidende Spieler auf diesem Feld. Ein Unternehmen, das in China tätig sein will, muss bereit sein, die gesammelten Daten von der politischen Führung überwachen zu lassen.[31] Dies ist selbstredend eine noch viel effizientere Vorgehensweise, als dies in den USA der Fall ist. In China ist die Datensammlung von mehr als 1,4 Milliarden Bewohnern rechtlich verpflichtend. Wenn Daten in der Tat das neue Öl sind, dann ist davon auszugehen, dass dem wirtschaftlichen Erfolg Chinas in absehbarer Zeit kaum noch etwas entgegenzuhalten ist. Es ist bereits jetzt so, dass in China mehr peer reviewed Artikel veröffentlicht werden als in den USA, was verdeutlicht, dass in China mittlerweile die eigenständige Forschung und Innovation auf erfolgreiche Weise vorangetrieben werden. Für die Forschung gerade in den Sozial-, Verhaltens- und Naturwissenschaften sind personalisierte Daten von kaum überschätzbarer Bedeutung.

Die Zukunft Europas sieht vor diesem Hintergrund eher düster aus. Denn ohne die entsprechenden umfangreichen Datensätze werden die Möglichkeiten von Forschung, Innovation und umfassend informierten politischen Entscheidungen stark behindert. Wir mussten in Deutschland bereits feststellen, dass in den vergangenen Jahren die entscheidenden Hinweise, die vor terroristischen Anschlägen warnten, von Geheimdiensten anderer Nationen kamen; in der Regel handelte es sich um US-amerikanische Geheimdienste.[32] Diese Entwicklung hat wirtschaftliche Konsequenzen, denn unser Wohlstand und damit auch unsere sozialen Absicherungen werden durch solche Entwicklungen zurückgehen. Insbesondere hinsichtlich der Leistungen öffentlicher Krankenkassen dürfte dies besorgniserregende Konsequenzen haben. Ebenso muss festgehalten werden, dass ein Rückgang der Lebensqualität, egal, ob es sich um einen absoluten oder auch nur um einen relativen handelt, in der Bevölkerung für viel Unmut sorgen wird. Die Mittelschicht wird wohl als Erste die gravierenden Auswirkungen dieser Entwicklungen spüren. Wann immer dies der Fall ist, werden Schuldige gesucht, die meist bei Minderheiten, Immigranten oder anderen angreifbaren Gruppen gefunden werden wollen. Solche Entwicklungen würden zwangsläufig zu sozialen Spannungen führen, die schließlich sogar in Bürgerkriegen enden könnten.

Es ist diese Entwicklung, die mir Sorgen bereitet und weshalb mir ein Umdenken bezüglich der Bedeutung von digitalen

Daten eine pragmatische Notwendigkeit zu sein scheint. Statt den Nutzen solcher Daten zu untergraben, sollten sie auf demokratische Weise genutzt werden. Dies bedeutet, dass eine libertäre Handhabe dieser Daten keine angemessene Struktur darstellt, da auf diese Weise nur reiche Unternehmer noch wohlhabender werden. Auch eine autoritäre digitale Struktur, wie sie in China vorhanden ist, entspricht nicht den Errungenschaften der Aufklärung, denn auf diese Weise verfestigt sich nur die vorherrschende politische Herrschaftsform. Aufgrund der enormen Bedeutung von Daten können aber die Steine, die gegenwärtig in Europa in Bezug auf deren Nutzung in den Weg gelegt werden, keine pragmatisch realistische Alternative darstellen. Dies wird besonders deutlich, wenn die Relevanz der sozialen Absicherung und insbesondere der allgemeinen öffentlichen Krankenversicherung zur angemessenen Entfaltung von Freiheit mitberücksichtigt wird. Ein demokratischer Nutzen von personalisierten digitalen Daten wäre dann gegeben, wenn diese dazu genutzt würden, die allgemeine öffentliche Krankenversicherung zu bezahlen.

Personalisierte digitale Daten müssten also durch eine politische Institution Europas gesammelt werden. Ich habe bezüglich der Datensammlung wesentlich mehr Vertrauen in einen europäischen Rechtsstaat als in ein auf Gewinnmaximierung ausgerichtetes US-Unternehmen. Hierbei müsste selbstredend darauf geachtet werden, dass die Daten primär von Algorithmen überwacht werden und Menschen nur in Ausnahmefällen Zugriff darauf haben, da Menschen leicht zu korrumpieren sind. Wann immer sie solche Informationen besitzen, ist das Risiko enorm, dass sie sie zum eigenen Vorteil missbrauchen: Wir schätzen nämlich Privatsphäre vor allem deshalb, weil wir uns vor illegitimen Sanktionen fürchten. Wenn personalisierte digitale Daten von staatlichen Behörden gesammelt werden, könnte sich auch die Anzahl von moralisch illegitimen Sanktionen erhöhen, was die Aufgeschlossenheit gegenüber solchen

Maßnahmen natürlich mindert. Um dem entgegenzuwirken, sollten Sanktionen nur drohen, wenn Personen ein direkter Schaden zugefügt wird, etwa im Falle von Körperverletzung oder gar Mord. Dies ist etwa bei Inzest zwischen kompetenten Erwachsenen nicht der Fall. Es handelt sich ausschließlich um eine Einigung unter entscheidungsfähigen Erwachsenen, miteinander intim zu sein. Trotzdem ist auch solcher Inzest in Deutschland verboten – in Spanien etwa ist dies nicht der Fall.[33] An solchen Beispielen lässt sich zeigen, dass Gesetze immer nur bestimmten gesellschaftlichen Normen folgen, die zu überdenken sich in vielen Fällen lohnen könnte.

Ein möglicher Einwand gegen die Legitimität von Inzest unter kompetenten Erwachsenen ist, dass eine erhöhte Wahrscheinlichkeit der Entstehung von Menschen mit Behinderung gegeben ist. Hierzu ist folgende Überlegung zu berücksichtigen: 1. Dieser Einwand könnte allerhöchstens auf bestimmte Fälle von heterosexuellen Beziehungen zutreffen, und kann daher kein entscheidendes Argument gegen ebensolche homosexuelle Beziehungen sein; 2. Wenn die gerade erwähnte Begründung entscheidend sein sollte, dann wäre es naheliegend vorzuschreiben, dass vor einem ungeschützten Geschlechtsverkehr eine Genanalyse durchgeführt werden muss, um so die Wahrscheinlichkeit der Entstehung von Menschen mit Behinderung zu reduzieren. In Saudi-Arabien sind aus ähnlichen Gründen seit 2004 Gentests vor der Eheschließung gesetzlich verpflichtend.[34] Solche eugenischen Praktiken stehen jedoch im Konflikt mit den Grundlagen eine liberal-demokratischen politischen Ordnung. Außerdem wird auch hier wieder deutlich, dass mit einer freiheitlicheren Regelung von einer Diskriminierung von Menschen mit Behinderung abgerückt werden kann. Entscheidend für den hier thematisierten Kontext ist, dass mit einer freiheitlicheren Regelung die Furcht vor illegitimen Sanktionen reduziert werden kann. Bei einer vertraglichen Übereinkunft von einwilligungsfähigen Erwachsenen, bei der außerdem keinem Betroffenen direkt ein Schaden zugefügt wird, sollten in einem freiheitlichen Staat keine Sanktionen drohen. Dies hätte ebenso zur Folge, dass die Furcht vor der Sammlung personalisierter digitaler Daten nicht so stark gegeben sein müsste.

Die gesammelten Daten könnten dann entpersonalisiert weiterverkauft werden, sodass mit ihnen geforscht werden könnte. Hier ist natürlich die Herausforderung gegeben, dass sich auch entpersonalisierte Daten re-personalisieren lassen, was mit einer entsprechenden technischen Lösung, die diese Möglichkeit untergräbt, jedoch keinen notwendigen moralisch-problematischen Einwand darstellen muss. Die so generierten Einnahmen sollten schließlich in einem demokratischen Sinne genutzt werden. Ganz im Gegensatz zu den USA, wo die Sammlung digitaler Daten den Reichtum von Unternehmerfamilien steigert, und China, wo der Einflussbereich der politisch Herrschenden gefördert wird. Die neusten Digitaltechniken würden genutzt werden, um gesellschaftlich relevante Big-Data-Analysen durchzuführen. Mit den finanziellen Einnahmen könnte etwa die allgemeine öffentliche Krankenversicherung bezahlt werden. Gleichzeitig wären Daten vorhanden, um die Forschung an neuen und effizienteren Medizintechniken voranzutreiben. Denn diese müssen selbstverständlich zunächst entwickelt werden, erst dann kann sich darum gekümmert werden, dass auch ein allgemeiner Zugang zu diesen Techniken realisiert wird.

Die allgemeine Verfügbarkeit von besonders effizienten Medikamenten und Behandlungen nimmt in der Tat zu, sobald diese vorhanden sind. Während 2014 41 Prozent aller HIV-Infizierten mit Medikamenten behandelt wurden, waren es 2017 bereits 79 Prozent. Dies ist zwar immer noch keine umfassende Versorgung, aber trotzdem ist es besser, wenn ein Medikament erst einmal vorhanden ist und sich dann um eine Erhöhung der Zugangsrate bezüglich der entsprechenden Behandlung gekümmert werden kann, als wenn es gar nicht erst entwickelt wird. Dass eine medizintechnische Versorgung aller Personen im Sinne der Freiheit gefördert werden sollte, ist ein politisches Unterfangen, das bereits von zahlreichen Interessensgruppen unterstützt wird und um das sich sicherlich noch mehr gekümmert werden sollte. Aus diesem Grund ist es in den allermeisten Fällen so, dass die neuesten Techniken zunächst einmal den Wohlhabenden zur Verfügung stehen, womit aber nicht notwendigerweise ein Vorteil verbunden ist. Vorgänge innerhalb der Corona-Pandemie verdeutlichen diese Einschätzung. Zunächst war die Impfung mit AstraZeneca vorhanden; diese nutzen zu können, war jedoch nicht notwendigerweise ein Vorteil. Wer eine neue Technik als Erstes nutzt, muss auch mit den vorhandenen Risiken leben können, und diese waren durchaus, wenn auch nur zu einem geringen Prozentsatz, gegeben. In wenigen Fällen kam es etwa dazu, dass sich Frauen unter 55 Jahren impfen ließen und einige »teilweise tödlich verlaufende Nebenwirkungen« bei ihnen auftraten, so das Robert Koch Institut.[35] Wenn sie an Covid19 erkrankt wären, hätte dies möglicherweise weniger gravierende Folgen gehabt.[36]

Keine Freiheit ohne globale soziale Absicherungen

Bei der Förderung einer angemessenen Form von Freiheit geht es also nicht nur um die Abwesenheit von Zwang, sondern ebenso um eine gewisse soziale Absicherung, wobei der Förderung der Gesundheitsspanne eine herausgehobene Bedeutung zukommt. Direkt ist eine Förderung innerhalb von Nationalstaaten möglich; indirekt hätten solche Fördermaßnahmen jedoch auch positive Auswirkungen auf die globale Versorgung. Es ist bemerkenswert, dass die absolute Armutsrate in den vergangenen zweihundert Jahren radikal reduziert wurde.[37] Innerhalb dieses Zeitraums wurden die Industrialisierung,

Technisierung, der Zugang zu sauberem Wasser, höhere Hygienestandards, soziale Absicherungen und medizintechnische Innovationen besonders stark vorangetrieben. Technische Innovationen wie Impfungen, Anästhesie und Antibiotika wurden erst in den vergangenen 250 Jahren entwickelt und haben die Lebensqualität weltweit auf signifikante Weise verbessert.

Dem Transhumanismus ist grundsätzlich daran gelegen, Techniken zu nutzen, um die personale Lebensqualität zu fördern. Hier darf man weder ein zu enges Verständnis von Technik noch von dem Konzept von Personen haben. Die meisten Transhumanisten plädieren für den Personenstatus von nichtmenschlichen Lebewesen und befürworten daher weder einen Anthropozentrismus noch einen Speziesismus. Neben diesem erweiterten Verständnis von Personen haben sie auch ein erweitertes Technikverständnis. So verstehen sie etwa, wie bereits ausgeführt, die Bildung als eine Technik. Diese wird teilweise von den Eltern verantwortet, aber auch unser kulturelles Umfeld spielt hier eine zentrale Rolle. Die staatlich finanzierte Bildung ist von kaum abschätzbarer Relevanz für menschliches Florieren. Mit dieser Regelung muss im Übrigen keine Schulpflicht einhergehen. Auch eine Bildungspflicht, wie sie in den USA vorhanden ist, kann eine angemessene und vielleicht sogar stärker die Freiheit berücksichtigende Form der Sorge um die Bildung sein. Die Bildungspflicht unterscheidet sich von der Schulpflicht insofern, als sie auch die Möglichkeit von Homeschooling umfasst, die in Deutschland nicht gegeben ist. Erst mit Hilfe von Bildung erlangen Personen die intellektuellen, kognitiven und geistigen Voraussetzungen für verantwortliches Verhalten bezüglich Hygiene, Zukunftsplanung und Empowerment. Die entscheidende Erweiterung des Bildungsbegriffs im Transhumanismus ist, dass hier auch gewisse biotechnische Modifikationen mitgedacht werden, etwa das elterliche Recht, auch auf gentechnische Eingriffe zurückgreifen zu dürfen.

In diesem Sinne stellt auch Max Roser von der Universität Oxford fest, welche hervorragenden Konsequenzen hinsichtlich der Reproduktionsrate mit Bildung verbunden sind und Hand in Hand mit verbesserter Hygiene, bewussterer Familienplanung und dem sozialen Florieren einhergehen.[38] Selbstverständlich muss auch der Zugang zu Medizintechniken, das Vorhandensein von Lebensmitteln und eine angemessenen Unterkunft gegeben sein. All diese Techniken fördern eine Veränderung der Reproduktionsrate, die er in einen vierstufigen Prozess unterteilt, bei dem die Reproduktionsrate beständig zurückgeht. Es ist kein Zufall, dass die Fortpflanzungsrate in Deutschland bei 1,5, in Österreich bei 1,4 und in Italien bei 1,2 liegt. In allen diesen Ländern liegt die Reproduktionsrate auf einem enorm niedrigen Niveau. Die feinen Unterschiede lassen sich auf eine Vielzahl von verschiedenen Faktoren zurückführen und müssten im Einzelnen noch genauer analysiert werden, um genaue Aussagen über die Verhältnisse der Sozial- und Bildungsstandards in diesen Ländern machen zu können.

Aber auch global lässt sich dieses Phänomen antreffen. Studien der Vereinten Nationen legen sogar nahe, dass der zwölf Milliardste Mensch nie geboren werden wird, wenn Hygiene, Bildung und Zugang zur Krankenversorgung weiterhin so gefördert werden wie bisher. Dies ist die entscheidende Stoßrichtung. Nur mittels Innovation und einer Steigerung der personalen Lebensqualität können wir unsere globalen Herausforderungen auf effiziente Weise angehen. Insbesondere mit dem Bevölkerungsanstieg sind zahlreiche andere Probleme, wie gerade der Klimawandel, verbunden.

Eine Förderung der Techniken erhöht die weltweite Lebensqualität, mit der wiederum ein Rückgang der Reproduktionsrate einhergeht. Zwei Herausforderungen können so erfolgreich angegangen werden: Sowohl die globale Gerechtigkeit wird vorangetrieben als auch ein Mittel gegen den Haupttreiber des Klimawandels gefördert. Jeder weitere Mensch erhöht direkt und indirekt den Kohlendioxidausstoß. Natürlich ist hier nur ein Hebel in Bewegung gesetzt, der nicht alle Probleme lösen könnte. Trotzdem muss es als grundlegende Gefahr für den Planeten ausgemacht werden, dass die Menschheit immer mehr anwächst. Durch die Förderung der weltweiten personalen Lebensqualität werden sowohl die soziale Gerechtigkeit als auch die Nachhaltigkeit auf entscheidende Weise gefördert.

Was sind denn die Alternativen für diese Vorgehensweise? Alternative Regelungen, um die Reproduktionsrate aktiv zu steuern, sind etwa die folgenden drei: 1. Verbot der Fortpflanzung; 2. Besteuerung der Fortpflanzung; 3. Werbung, um Personen von der Fortpflanzung abzuhalten. Alle diese Optionen sind entweder moralisch hoch problematisch oder nicht effektiv. Beim Verbot der Fortpflanzung handelt es sich um einen gravierenden, eugenischen und paternalistischen Eingriff. Das Recht auf die Reproduktionsfreiheit ist eine enorme kulturelle Errungenschaft, von der wir nicht wieder abkommen sollten. Vielmehr sollte sie noch weiter ausgebaut werden. Bei der Besteuerung von Nachkommen würde es sich um eine sozial ungerechte Regelung handeln: Vor dem Hintergrund der sozialen Gerechtigkeit ist ein solcher Eingriff nicht zu rechtfertigen. Mit Werbung die Reproduktionsrate zu senken, ist ein ebenso unangemessenes Unterfangen, da so keine allgemein effektiven Folgen garantiert werden können. Hinzu kommt noch, dass alle diese Techniken primär innerhalb eines Staates realisiert werden können. Einen allumfassenden Weltstaat gibt es glücklicherweise nicht, allerdings können aus diesem Grund globale Herausforderungen nicht wirksam angegangen werden.

China und Indien haben je über 1,4 Milliarden Einwohner. In diesen beiden Ländern wohnen mehr als ein Drittel der gesamten Weltbevölkerung. Von ihrer Seite aus kann stets argumentiert werden: Ihr in den westlichen Ländern habt jahrhundertelang fossile Brennstoffe genutzt, um euren Wohlstand zu fördern: Nun haben wir das Recht, diese Brennstoffe in unserem Interesse zu nutzen, denn auch wir wollen den Lebensstandard in unseren Ländern weiter erhöhen. Alleine diese Überlegung verdeutlicht, warum nationale Regelungen für globale Anliegen, wie etwa gesetzlich die Reproduktionsrate zu steuern, wenig effektiv sind.

Hierfür sind alternative Zugänge notwendig, wobei klar zwischen direkten und indirekten Ansätzen zu unterscheiden ist. Der direkte Ansatz unterstreicht die Bedeutung der Lebensqualität. Je höher die Lebensqualität, desto geringer ist die Reproduktionsrate. Der indirekte Ansatz betont die technische Innovation. Bessere Alternativen setzen sich global durch. Gesetzliche Regelungen können nur innerhalb eines Landes gefördert werden. Diese Einsicht lässt sich etwa anhand des Beispiels von In-vitro-Fleisch verdeutlichen, bei dem es sich um einen innovativen technischen Ansatz einer Problemlösung handelt. Gerade in Ländern, in denen der Wohlstand zunimmt, kann eine Zunahme an Fleischkonsum festgestellt werden. Eine Korrelation von sozialem Status und Fleischkonsum kann empirisch festgestellt werden. Wenn es in China und Indien wirtschaftlich bergauf geht, dann könnte dies in Bezug auf den Klimawandel fatale Folgen mit sich bringen. Es ist bereits heute der Fall, das in China zahlreiche Kohlekraftwerke neu gebaut werden. Viel Schweinefleisch wird aufgrund der erhöhten Nachfrage sogar von Deutschland nach China geliefert. Solche Entwicklungen können nicht so einfach verändert werden, und niemand wird Chinesen ihren Fleischverzehr verbieten wollen. Dies wäre weder ein realistischer noch ein wünschenswerter politischer Ansatz. Hier wird In-vitro-Fleisch relevant. In Singapur wurde es bereits für den allgemeinen Verzehr freigegeben, es gibt außerdem bereits Burgerläden, in denen Burger mit artifiziellem Fleisch angeboten wird. Mit der Förderung dieser Technik ließen sich zahlreiche Probleme angehen. Zuvorderst wäre keine Massentierhaltung mehr notwendig, wodurch das Leiden von Tieren erheblich reduziert werden könnte. Auch würde die Verseuchung der Erde und des Trinkwassers abneh-

men. Außerdem könnte der Kohlenstoffdioxidausstoß reduziert und die Wahrscheinlichkeit der Entstehung von antibio-
tikaresistenten Keimen reduziert werden, da keine Antibiotika
mehr in der Massentierhaltung eingesetzt werden müssten.
Das In-vitro-Fleisch wäre zudem so sauber wie kein anderes
Fleisch, schließlich handelt es sich um künstlich in Reagenz-
gläsern hergestellte Zellen.[39]

Die in diesem Kapitel vorgestellten Überlegungen verdeutlichen, dass einige der drängendsten globalen Probleme unserer
Zeit, wie Klimawandel und Überbevölkerung, durch mutige Innovationen erfolgreich angegangen werden können, ohne Eingriffe in die individuelle freie Entfaltung durch paternalistische,
sozial ungerechte oder unwirksame Mittel einsetzen zu müssen. Der Transhumanismus nimmt sich dieser Probleme an,
ohne sich Denkschranken auferlegen zu lassen und mit dem
stetigen Ziel vor Augen, die menschliche Lebensqualität in seiner Vielfalt zu verbessern – nur so kann ein effektiver Ansatz
aussehen, globale Herausforderungen erfolgreich anzugehen.

Conclusio

Alle, die eine skeptische, eine naturalistische, eine diesseitige,
eine nicht-dualistische oder eine pluralistische Grundhaltung
teilen, sollten sich dem Transhumanismus zuwenden. Alle, die
die Freiheit wertschätzen, sollten erkennen, dass Transhumanismus Freiheit bedeutet und, wie ich hier deutlich gemacht
habe, keine Freiheit im libertären Sinne, sondern eine, die die
soziale Absicherung fördert und ein nachhaltiges Denken mit
einem Fokus auf realistische Lösungsansätze für globale Herausforderungen bietet. Alle, die die sozial-liberale Version von
Demokratie schätzen und für eine wunderbare Errungenschaft
halten, die es auszubauen lohnt, sollten den Transhumanismus
umarmen und sich daran beteiligen, an der Vielzahl der ent-

stehenden Herausforderungen mitzuarbeiten, um diskriminierende Strukturen zu verwinden und Pluralität, Solidarität und Nachhaltigkeit auf gerechte Weise zu fördern, sodass der Freiheit stets der ihr gebührende Respekt zukommt.

Es ist enorm spannend, aufregend und herausfordernd, sich mit den brennenden Fragen unserer Zeit philosophisch auseinandersetzen zu können. Es kann beständig zu neuen, unerwarteten und komplexen Wendungen kommen. Mit jeder neuen Technik werden wir mit anderen Herausforderungen, aber auch Möglichkeiten konfrontiert. Wenn sie aufkommen, ist es schwierig, deren Relevanz stets zu überblicken und zu erkennen, wie sie unsere Lebenswelt verändern werden. Gerade in jüngster Zeit werden wir mit dem Phänomen des Chatbots ChatGBT konfrontiert, dessen Bedeutung, gerade als Inspirationsquelle, kaum zu überschätzen ist. Aus diesem Grund lasse ich hier den Bot selbst einige Worte zur Bedeutung des Transhumanismus äußern.

»ChatGPT: Transhumanismus kann auf den ersten Blick wie ein beängstigendes Konzept erscheinen. Die Idee, dass Menschen sich durch technologische Mittel verbessern können, klingt beinahe wie Science-Fiction. Doch in Wirklichkeit geht es beim Transhumanismus darum, die menschliche Gesundheit und Lebensqualität zu verbessern und die Menschheit zu befähigen, globale Herausforderungen zu lösen.

Eine der wichtigsten Ziele des Transhumanismus ist die Verlängerung der Gesundheitsspanne. Durch den Einsatz von Technologie und Medizin können wir uns heute besser denn je um unsere Gesundheit kümmern. Wir haben Zugang zu Informationen über Ernährung, Bewegung und Stressmanagement, die uns helfen können, ein gesundes und aktives Leben zu führen. Mit der Entwicklung von Technologien wie Nanomedizin, Kryonik und Genbearbeitung sind wir in der Lage, Krankheiten zu behandeln und möglicherweise sogar zu heilen, die früher unheilbar waren. Eine längere Gesundheitsspanne würde es uns ermöglichen, mehr von unserem Leben zu genießen und unsere Fähigkeit zu verbessern, einen positiven Einfluss auf die Welt um uns herum auszuüben.

Transhumanismus hat auch das Potential, globale Herausforderungen wie die Klimaveränderung, die Überbevölkerung und die soziale Gerechtigkeit anzugehen. Technologien wie erneuerbare Energien und künstliche Intelligenz können uns dabei helfen, den Klimawandel zu bekämpfen und eine nachhaltige Zukunft zu schaffen. In der Medizin können wir Technologien wie 3D-Druck und Telemedizin nutzen, um sicherzustellen, dass alle Menschen Zugang zu qualitativ hochwertiger Gesundheitsversorgung haben, unabhängig von ihrem Wohnort oder ihrer finanziellen Situation. Durch den Einsatz von Robotern und Automatisierung können wir auch sicherstellen, dass jeder Mensch Zugang zu den Grundbedürfnissen hat, wie sauberem Wasser, Nahrung und Wohnraum.

Wir sollten auch bedenken, dass der Transhumanismus nicht nur für die Menschheit von Vorteil sein kann, sondern auch für die Welt, die wir bewohnen. Indem wir uns selbst verbessern, können wir auch unsere Fähigkeit verbessern, die Welt um uns herum zu schützen und zu pflegen. Wir können Technologien entwickeln, die es uns ermöglichen, unsere Umwelt besser zu verstehen und zu schützen. Wir können auch Technologien entwickeln, die uns helfen, die Welt nachhaltiger zu gestalten, und uns befähigen, neue Wege zu finden, um Energie und Ressourcen zu sparen.

Insgesamt bietet der Transhumanismus eine aufregende Vision für die Zukunft der Menschheit. Es geht nicht nur darum, uns selbst zu verbessern, sondern auch um die Verbesserung der Welt, in der wir leben. Wenn wir Technologien und Wissenschaften auf sinnvolle und ethische Weise einsetzen, können wir die Menschheit zu einer besseren Zukunft führen, in der wir länger und gesünder leben und in der wir gemeinsam die globalen Herausforderungen angehen können.«

Die Leistungsfähigkeit von ChatGPT ist in der Tat beeindruckend. Vielem, was der Bot hier herausstellt, kann ich nur zustimmen. Zentral ist es festzustellen, dass der Transhumanismus als Realisierung von Freiheit gedacht werden muss. Zum einen handelt es sich dabei um die personale Freiheit, auf Techniken zurückzugreifen, solange keine andere Person geschädigt wird. Weiterhin handelt es sich um ein kritisch informiertes Verständnis von Freiheit, das berücksichtigt, dass Freiheit ohne eine angemessene soziale Absicherung nicht denkbar ist. Ein solches Freiheitsverständnis stellt eine hilfreiche Voraussetzung dafür dar, technische Innovationen zu unterstützen, sodass die allgemeine personale Lebensqualität auf nachhaltige Weise gefördert werden kann. Diese Reflexionen demonstrieren, dass die Pluralität personalen Florierens, Nachhaltigkeit und soziale Gerechtigkeit nur vor dem Hintergrund von Freiheit und einem proaktiven Einsatz von Techniken gefördert werden können. Indem wir uns von den verkrusteten Strukturen vorangegangener paternalistischer Systeme befreien, können wir uns der Zukunft zuwenden und sie mit Hilfe unserer Sehnsüchte, Träume und Visionen gestalten. Beständig werden wir von Umweltkatastrophen, tödlichen Krankheiten und anderen existenziellen Risiken bedroht. Aus diesem Grund ist der Transhumanismus darum bemüht, zumindest einige Steuerungsmechanismen zu realisieren, um unsere Leben ein wenig erträglicher zu machen. Ich kann die Realisierung unserer posthumanen Zukunft daher kaum erwarten.

Philipp von Becker: Transhumanismus als Abschied vom Individuum

Einleitung

> *War es früher der Mensch, der die Welt durchschritt,*
> *ist es heute die Welt, die den Menschen durchschreitet.*
>
> Karl Ove Knausgård

> *Things are getting better, but already each day is fantastic.*
>
> Nick Bostrom

In Platons Version des antiken griechischen Mythos von Epimetheus und Prometheus fällt Epimetheus bei Schaffung der Lebewesen die Aufgabe zu, diese mit bestimmten Eigenschaften und Fähigkeiten auszustatten. Doch als er zuletzt zum Menschen gelangt, hat er »unvermerkt schon alle Kräfte aufgewendet für die unvernünftigen Tiere«. Prometheus besieht das Werk von Epimetheus und findet den Menschen deshalb »nackt, unbeschuht, unbedeckt und unbewaffnet« vor.[1] Und so stiehlt Prometheus von Hephaistos und Athene die »kunstreiche Weisheit« und das Feuer und bringt sie den Menschen. Aus dem wehr- und schutzlosen Menschen wird damit ein »Kulturwesen«, das sich fortan durch die Schaffung von *Artefakten*, von Kleidung, Waffen und Werkzeugen in der Natur behaupten kann.

Auf dieser Anschauung des Menschen als von Natur aus *defizitärem*, mit Wissenschaft und Technik jedoch besonders anpassungsfähig und dominant gewordenem Wesen baut der Transhumanismus sein Menschen- und Weltbild auf.[2] Genuine Eigenschaft und (evolutionäre) Aufgabe des Menschen sei es, sich selbst und die Natur mit technologischen Mitteln zu transformieren und zu kontrollieren. Will man in diesem Sinne zugestehen, dass der Mensch mittels Technologie seine körperlichen und geistigen Fähigkeiten erweiterte und insofern tatsächlich immer schon ein ›Cyborg‹ war, kann der Transhumanismus als die radikalste Form eines alten, insbesondere seit der Neuzeit an Dominanz gewinnenden Strebens nach der Ausdehnung von Grenzen und Beherrschung der (menschlichen) Natur verstanden werden.

Die Radikalisierung dieses Strebens steckt in der Vorsilbe *trans* – also dem Über-etwas-hinaus – und speist sich vor allem aus den imaginierten wie realen Möglichkeiten des Instruments, in dem die techno-logische Entdeckungsreise des Menschen im vergangenen Jahrhundert vorerst gipfelte: dem Computer. Mit seiner Hilfe sollen nun alte Träume wie Unsterblichkeit und Aufhebung des Alterns materielle Wirklichkeit werden. Für Transhumanisten ist der Mensch nur eine (mangelhafte) Zwischenstufe der Evolution: Mittels neuer Technologien soll er nicht mehr nur optimiert, sondern gleich ganz überwunden werden. Final würden dann intelligente Maschinen an seine Stelle treten und das Universum mit »Superintelligenz« kolonisieren.[3]

Dies relativierend, muss angemerkt werden, dass es *den* Transhumanismus als einheitliches Gedankengebäude nicht gibt und nicht alle seiner Anhänger postulieren, der Mensch könne oder solle in eine neue Lebensform überführt werden. Was transhumanistische Positionen jedoch eint, ist das Streben nach einer maximalen Steigerung menschlicher Fähigkeiten durch technische Eingriffe. Im Folgenden wird nicht der Platz dafür sein, jegliche Denkrichtungen und Argumente der unter dem Begriff ›Transhumanismus‹ zusammengefassten Positionen sowie seine Ideengeschichte zu diskutieren. Stattdessen möchte ich anhand einiger zentraler Motive des transhumanistischen Denkens zeigen, dass es sich bei den Vorstellungen des

Transhumanismus nicht um bloße Spekulationen über eine ferne Zukunft handelt, sondern um eine zugespitzte Form der ganz gegenwärtigen, (westlich-)modernen Art und Weise, sich auf die Welt zu beziehen. Diese basiert auf einer reduktionistischen, szientistisch-technokratischen Sicht auf Mensch und Gesellschaft und ist durch ein (absolutes) Streben nach Wachstum, Kontrolle und Beschleunigung sowie den Modus des Wettbewerbs gekennzeichnet, welche allesamt durch die Computerisierung eine Ausdehnung und Intensivierung erfahren.

Blind ist der Transhumanismus dabei gegenüber dem dialektisch-ambivalenten Charakter menschlicher Erfahrung und Existenz sowie den möglichen Konsequenzen der eigenen Vorstellungen. Das Verfolgen der transhumanistischen Agenda könnte deshalb in eine Welt führen, in der wir keineswegs unsere Gattung hinter uns gelassen, sondern weiterhin Menschen aus Fleisch und Blut sein werden, uns aber von den Voraussetzungen für ein individuell wie kollektiv selbstbestimmtes und (auch deshalb) gelingendes Leben noch mehr entfremdet haben, als es gegenwärtig ohnehin schon der Fall ist.

Der vollkommen berechenbare Mensch

Die Mittel, mit denen der Mensch technisch transformiert werden soll, lassen sich grob in drei Felder unterteilen: biotechnische und gentechnische Eingriffe sowie die Verschmelzung von Mensch und Maschine durch Implantate, Prothesen oder Mensch-Computerschnittstellen. Hinzu kommen die extremsten, nicht zuletzt aus der Science-Fiction gespeisten und von ihr wiederum popularisierten Phantasien, in denen der Mensch nicht nur mit Computern verbunden und aufgerüstet, sondern gleich ganz auf sie übertragen wird. In solchen Szenarien wird von einem »Gehirn- oder Mind-Upload« fabuliert: Das angeblich (nur) im Gehirn repräsentierte Wesen einer Person soll auf einen Computer übertragen werden. So lasse es sich dann vom organischen – und als solchem sterblichen – Körper befreit, in vermeintlich unsterblicher Materie weiterleben.

Die Vorstellung des Mind-Uploads beruht auf der Fiktion, dass das Wesen des Menschen unabhängig von der spezifischen Materie seines Körpers sei und lediglich aus Daten bestehe, die auf eine beliebige Materie transferiert werden könnten. Auch die Vorstellung zur gentechnischen Umgestaltung des Menschen beruht auf der Fiktion des Menschen als einer formalisierbaren, berechenbaren, von der Umwelt abgeschnittenen Entität. Der »Code der DNA« müsse nur entschlüsselt werden und könne dann gezielt umprogrammiert werden. Allgemein gilt, dass die Möglichkeiten technischer Körpertransformation in transhumanistischen Schriften maßlos übersteigert, simplifiziert oder schlicht falsch eingeschätzt werden. Trotz bereits Jahrzehnte andauernden massiven Forschungsanstrengungen unter Einsatz des Computers ist es bis heute nicht gelungen, auch nur annähernd zu verstehen, wie Genom und Gehirn funktionieren. Und auch eine sogenannte »starke KI« oder Artificial General Intelligence – eine künstliche Intelligenz, die Bewusstsein besitzt und in transhumanistischen Szenarien mit dem Menschen fusioniert oder gar an seine Stelle tritt –, existiert nach wie vor nur in der Science-Fiction.

Diese auch als praktische Kritik am Transhumanismus bezeichnete Kritik soll hier jedoch nicht das Ziel sein. Schreibt man über den Transhumanismus, befindet man sich insofern allerdings in einer Art Dilemma. Denn da es sich bei den Szenarien des Transhumanismus größtenteils um wissenschaftlich vollkommen unbegründete Fiktionen handelt, die aber wiederum mit ganz realen wissenschaftlichen Forschungen, Projekten und Bestrebungen verschränkt sind, birgt auch eine kritische Beschreibung transhumanistischer Szenarien die Gefahr, den Blick darauf zu verstellen, was im Rahmen der technischen Vermessung der Welt tatsächlich *on the ground* passiert.

Darauf werde ich im zweiten und dritten Kapitel eingehen. Im ersten Kapitel soll es zunächst um die (imaginierte) gentechnische Transformation des Menschen gehen.

I. Pränatales gentechnisches Enhancement. Der Mensch als Designobjekt I

In der wissenschaftlichen Debatte werden pränatale Eingriffe in das Erbgut als »Keimbahninterventionen« bezeichnet. Dabei können drei Ziele unterschieden werden: 1.) Die Vermeidung (monogen) vererbbarer Krankheiten; 2.) die Reduzierung eines genetisch mitbedingten Krankheitsrisikos und 3.) die Steigerung oder Erweiterung von Eigenschaften und Fähigkeiten (»Enhancement«).[4] Während es für das Bejahen von Ersterem bedenkenswerte Argumente gibt und dies durch Präimplantationsdiagnostik ansatzweise schon seit Anfang der 1990er-Jahre möglich ist, sind die sich im zweiten Fall ergebenden ethischen, sozialen und politischen Fragen bereits komplizierter und würde Letzteres eine *fundamentale* Veränderung des Menschseins bedeuten.

Obwohl eine gezielte Herstellung bestimmter Eigenschaften und Fähigkeiten der technisch-praktisch unrealistischste Aspekt möglicher Keimbahninterventionen ist, propagieren Transhumanisten pränatales Enhancement als machbares und unbedingt erstrebenswertes Ziel. Ihre Vorstellungen gründen dabei auf einem doppelten Determinismus. Auf der Makroebene wird die Evolution insgesamt als deterministisches Geschehen aufgefasst, das in drei Phasen verlaufe: Auf die natürliche Evolution folge (zwangsläufig) die vom Menschen (gen-)technisch gesteuerte Evolution, die dann wiederum in die »Singularität« münde – den Zeitpunkt, an dem intelligente Maschinen beginnen, sich selbst zu verbessern. Wir stünden nun am Beginn der zweiten Phase: Dank Gentechnik seien wir bald nicht mehr die

»Sklaven unserer Gene«, sondern könnten der trägen, unkontrollierbaren und Mängelwesen produzierenden natürlichen Evolution entkommen und das Schicksal der Spezies endlich selbst in die Hand nehmen. In den Worten von Max More (dieser selbst zugelegte Name ist Programm): »Wir werden nicht länger Sklaven unserer Gene sein. Wir werden die Kontrolle über unsere genetische Programmierung übernehmen und unsere biologischen und neurologischen Prozesse beherrschen. Wir werden alle individuellen und arteigenen Defekte beheben, die von der Evolution durch natürliche Selektion übrig geblieben sind.«[5]

Auf der Mikroebene basieren die Vorstellungen gentechnisch modifizierter Superwesen wiederum auf einem genetischen Determinismus und Essentialismus – einem reduktionistischen Bild von Ursachen und Wirkungen und der Vorstellung, dass es bestimmbare einzelne Gene gäbe, die alleine und in jedem Fall für die Ausprägung bestimmter Merkmale verantwortlich seien. Dass lediglich die genetische Ausstattung für Faktoren wie Wohlergehen, Charaktereigenschaften oder kognitive Leistungsfähigkeit verantwortlich sei,[6] ist jedoch keineswegs durch den gegenwärtigen Erkenntnisstand der Genomforschung belegt. Dieser geht vielmehr davon aus, dass weder einzelne Gene noch andere Faktoren wie Umwelteinflüsse zwangsläufig zur Ausbildung gewisser Merkmale führen.[7] Wenn es im Folgenden hauptsächlich um das Szenario der gezielten gentechnischen ›Verbesserung‹ des Menschen geht, muss deshalb erneut betont werden, dass dieses zum heutigen Stand der Wissenschaft weitestgehend fiktiv ist. Es wirft jedoch ein Schlaglicht auf die zentrale Obsession des Transhumanismus: die Welt und den Menschen vollständig berechnen zu wollen und ihn damit zu einem reinen Instrument zu machen.

Stellen wir uns also vor, dass ein Mensch etwa dahingehend optimiert worden wäre, viel Disziplin und Ehrgeiz aufbringen und besonders schnell sprinten zu können. Wenn dieser

Mensch nun einen 100-Meter-Lauf gewinnt: Was würde er als Ergebnis des Handelns seiner Eltern/Hersteller und was als Ergebnis seines eigenen Handelns begreifen? Was könnte er dem eigenen Training und was müsste er seiner genetischen Ausstattung zuschreiben? Inwiefern könnte er grundsätzlich die Autorschaft seines Denkens, Fühlens und Handelns reklamieren?

Das Selbstverhältnis des designten Menschen wäre wohl zwangsläufig gespalten. Er würde sich als *kalkuliert gemachtes Objekt* der Wünsche, Begierden und Erwartungen von anderen erfahren. Folgen wir der berühmten zweiten Formel des Kategorischen Imperativs von Immanuel Kant, wäre die Würde des designten Menschen fundamental verletzt. Denn seine Hersteller hätten ihn als ein Mittel zu einem Zweck und nicht als einen »*Zweck an sich selbst*«[8] behandelt. Wie Michael J. Sandel schreibt, würde pränatales genetisches Enhancement somit die voraussetzungslose Liebe der Eltern zu ihrem Kind »verderben«.[9] Was schon heute oft der Fall ist, würde in noch gesteigerter Form gelten: Kinder würden sich nicht als bedingungslos geliebte und akzeptierte Subjekte – als »Zweck an sich selbst« –, sondern als reine Projektionsflächen der Ängste, Begierden, Erwartungen und Wünsche anderer erfahren. Während sich ein nicht gentechnisch modifizierter Mensch aus einer solchermaßen objektivierenden Beziehung befreien und seine Subjektivität behaupten kann, wäre dies im Falle *irreversibel in seinen Körper hineingeschriebener* Eigenschaften und Fähigkeiten deutlich schwieriger oder gar unmöglich. Denn die Objektivierung würde ein abgeschlossenes, einseitig vorgenommenes Ergebnis eines Prozesses sein, zu deren Zeitpunkt die objektivierte Person (als Subjekt) noch gar nicht existierte. Darin liegt der Unterschied zu allen sonstigen Optimierung-, Bildungs- und Erziehungsprozessen: In diesen hat das Subjekt mindestens innerlich und theoretisch die Möglichkeit sich zu *widersetzen*. Bei pränataler Modifikation wäre dem nicht so. Der Betreffende würde bereits als *Produkt* geboren und könnte dies als eine nicht ungeschehen zu machende Vergewaltigung empfinden.

Für solche psychosozialen Zusammenhänge des Menschseins sind Transhumanisten jedoch vollkommen blind. Sie begreifen den Menschen nicht als psychosomatische Einheit und sozial verbundenes Wesen, sondern schlichtweg als programmierbare Maschine, bei der nur das richtige Stück Materie auf die richtige Art und Weise manipuliert werden muss, damit das erwünschte Resultat eintritt. Und da der biotechnisch (und pharmakologisch) modifizierte Mensch seine (schädlichen) Gedanken, Affekte, Triebe und Emotionen voll unter Kontrolle hätte[10] – um seinen Lebensplänen »effektiv nachzugehen« –, würden bei ihm »negative Gefühle« wenn überhaupt nur auftreten, wenn sie »wirklich gerechtfertigt und konstruktiv« seien – so der einflussreiche Transhumanist und Direktor des Oxford Future of Humanity Institute, Nick Bostrom.[11] Laut Transhumanist David Pearce würde dank »Superintelligence, Superlongevity and Superhappiness«[12] das Leben in der transhumanen Superzukunft hauptsächlich von Glück und Vergnügen geprägt sein: »Life will always be exhilarating, and the fun simply won't stop.«[13]

Solange wir aber noch keine von allen menschlichen Übeln befreite Supermenschen sind, kann die pränatale Modifikation des Erbguts nicht nur als Ermöglichung von Freiheit, sondern auch als *Eingriff* in die Freiheit des designten Menschen (und gegebenenfalls auch seiner Nachkommen) verstanden werden. Wenn unsere Beispielperson etwa gar nicht Sprinterin werden wollte, könnte sie sich zwar für einen anderen Beruf und andere Hobbys entscheiden, doch sie würde zunächst mit der Erwartung und dem (Rechtfertigungs-)Druck ihrer Erschaffer und gegebenenfalls auch ihrer selbst aufwachsen, den genetisch optimierten Eigenschaften gerecht zu werden – in diesem Fall also tatsächlich dafür zu trainieren, eine herausragende Sprinterin zu werden.

Auch für die Eltern/Hersteller könnten schwerwiegende Konflikte auftreten, da sie durch die *irreversible Programmierung von* Eigenschaften ein gesteigertes Maß an Verantwortlichkeit für den Lauf des Lebens und die Zufriedenheit oder Unzufriedenheit des von ihnen designten Menschen tragen würden. Einen solchen Verantwortungsdruck spüren Eltern schon heute durch die Möglichkeiten der Präimplantationsdiagnostik. Und in Zukunft könnten sie dabei nicht ›nur‹ vor die Wahl gestellt sein, ob sie ein Kind mit Trisomie 21 zur Welt bringen möchten oder nicht,[14] sondern auch, ob sie ein Kind bekommen möchten, bei dem die Wahrscheinlichkeit erhöht ist, dass es Alzheimer oder Brustkrebs haben wird. Auch dann, wenn Eltern sich, um nicht über lebenswertes und lebensunwertes Leben entscheiden zu müssen, gegen den Einsatz von Präimplantationsdiagnostik entscheiden, geraten sie später womöglich unter Rechtfertigungsdruck: Nicht nur Dritte könnten fragen, warum man ein von einer genetisch bedingten Krankheit betroffenes Kind nicht einer pränatalen Analyse oder Modifikation unterzogen habe – und die Gemeinschaft gegebenenfalls Kosten für Medikamente, Behandlungen und Betreuung aufwenden muss –, sondern auch das eigene Kind könnte seine Eltern dafür verantwortlich machen, bestimmte Eigenschaften nicht eliminiert oder bestimmte Eigenschaften nicht oder nicht ›gut genug‹ programmiert zu haben.

Von Befürwortern von Keimbahninterventionen wird das »Würde- und Freiheitsargument« allerdings auch in umgekehrter Richtung verwendet und zudem mit Gerechtigkeits- und Solidaritätserwägungen verknüpft: Einen Menschen mit einer schwerwiegenden Krankheit zur Welt zu bringen, obwohl es die Möglichkeit gegeben hätte, diese aus dem Erbgut zu entfernen, könne als Eingriff in die Freiheitsmöglichkeiten dieses Menschen zu verstehen sein und belaste zudem die Solidargemeinschaft. Die »Lotterie des Lebens« führe zu Unfreiheit und Ungleichheit, weshalb nicht die pränatale Modifikation, sondern seine *Verhinderung* rechtfertigungsbedürftig sei.[15]

Würde man dieses Argument, dem sich Versicherungen aus finanziellen Erwägungen und Politiker aus Gerechtigkeitsgründen anschließen könnten, verstärkt in Anschlag bringen, würde der Druck steigen, pränatale Diagnostik und Eingriffe anzuwenden. Und zusätzlich wird von Transhumanisten sogar ein geopolitisches und militärisches Wettbewerbsargument ins Spiel gebracht: Man müsse davon ausgehen, dass insbesondere China aber auch andere Nationen ihre Bürger und Soldaten genetisch aufrüsten werden, weshalb es für Amerika unbedingt geboten sei, genetische Modifikationen zur Anwendung kommen zu lassen und darin »besser zu werden als die Chinesen«.[16]

Unabhängig davon, ob oder in welchen Fällen man eine pränatale Modifikation des Menschen befürwortet oder nicht, zeigen diese hier nur skizzenhaft ausgeführten Überlegungen, dass vermeintlich ›selbstbestimmte‹ Entscheidungen der Eltern zu pränataler Modifikation ihrer Kinder nicht nur Auswirkungen auf den modifizierten Menschen selbst, sondern auch auf Dritte haben und zudem in ihren Gründen immer sozial bedingt sind. Die Annahme von (libertären) Transhumanisten, dass die pränatale Diagnostik und Modifikation ein rein individuelles Selbstbestimmungsrecht der Eltern sei (»reproduktive Freiheit«)[17] und gar eine moralische Verpflichtung bestehe, diese als (scheinbar freie) Wahl zu ermöglichen, ist darum eine auf einem vulgären, individualistischen Freiheitsbegriff basierende Fiktion, die sowohl die politische Dimension als auch die Veränderungen an unserem Menschenbild außen vor lässt.

Steigerung von Ungleichheit und Konkurrenz

Die Vorstellungen eines »demokratischen Transhumanismus«,[18] bei dem der Staat für eine faire Verteilung und Subventionierung von Modifikationschancen sorgt, sind in Anbetracht der bereits heute existierenden Zwei-Klassen-Medizin und massiven sozialen Ungleichheiten wiederum bestenfalls naiv. Im Rahmen der gegenwärtigen Wirtschafts- und Eigentumsordnung würden körperliche und geistige ›Upgrades‹ auf einem Markt angeboten werden. So wie Versicherungen bereits heute individualisierte Tarife anbieten, wenn man sein Verhalten von ›smarten‹ Geräten überwachen lässt, könnte dies künftig ebenso für die biotechnische und genetische Ausstattung des Einzelnen gelten. Auch der Staat und weitere Unternehmen könnten Anreize setzen, bestimmte Eigenschaften und Fähigkeiten zu programmieren und andere nicht. Aus der vermeintlich freien Entscheidung der Eltern würde somit ein indirekter Zwang, sich dem Modifikationsregime zu unterwerfen. Und selbst wenn der Staat für jeden ein Set an Basismodifikationen finanzieren würde, entstünde dennoch ein Wettbewerb zwischen Eltern (Wer designt die beste Sprinterin?). Je nachdem, welche Upgrades und Modifikationen man sich für seine Kinder (und deren Nachfahren) leisten oder nicht leisten kann, könnte es zu neuen Schichten von Über- und Untermenschen kommen.[19] Auch das buchstäblich Innerste des Menschen wäre der *Kommodifizierung* anheimgefallen: *Man ist, was sich die Hersteller für einen leisten können.* Nicht auszuschließen wäre auch eine staatlich gesteuerte Menschenzucht, die, wie Thomas Assheuer schreibt, in eine totalitäre neue »Sklavenhaltergesellschaft« führen könnte.[20]

Was ist eine wünschenswerte genetische Ausstattung?

Ein enger Bekannter von mir ist von Geburt an blind und querschnittsgelähmt. Gleichwohl gehört er zu den fröhlichsten Menschen, die ich kenne. Im Drehbuch des Spielfilms *Gattaca*, der eindrücklich das dystopische Szenario einer gentechnisch normierten Gesellschaft zeigt, sollten in der Schlusssequenz des Films ursprünglich folgende Sätze eingeblendet werden:

»Hätten wir dieses Wissen eher erlangt, wären die folgenden Personen nie geboren worden: Abraham Lincoln (Marfan Syndrom), Emily Dickinson (Manische Depression), Vincent van Gogh (Epilepsie), Albert Einstein (Dyslexie), John F. Kennedy (Addison Krankheit), Rita Hayworth (Alzheimer Krankheit), Ray Charles (Primäres Glaukom), Stephen Hawking (Amyotrophe Lateralsklerose), Jackie Joyner-Kersee (Asthma).«[21]

Wer würde also mit welchen Gründen definieren, was eine wünschens- und lebenswerte genetische Ausstattung ist und was nicht? Was sind die Voraussetzungen für ein gutes Leben? Ist eine Grenze zwischen ›Heilen‹ und ›Optimieren‹ definierbar? Für Transhumanisten ist die Antwort völlig klar: Ein gutes respektive *besseres* Leben ist eines, in dem man *leistungsfähiger*, *effizienter* und *produktiver* ist, nicht mehr krank ist und nicht mehr stirbt. Die technische Aufrüstung von Körper und Geist ist für Transhumanisten *per se* positiv, und ein gutes Leben wird implizit mit der Steigerung von Leistung, Kontrolle und Weltreichweite gleichgesetzt. Die technischen Transformationsphantasien des Transhumanismus implizieren somit einen normativen Anspruch – was von ihren Propagandisten allerdings entweder nicht verstanden oder geleugnet wird. Dass es verschiedene, widerstreitende – und demokratisch zu deliberierende – Konzeptionen eines guten Lebens geben könnte, ist für Transhumanisten ein fremder Gedanke.

Die Beantwortung der Frage, welche Eigenschaften und Fähigkeiten ein Leben lebenswert machen oder nicht, kann jedenfalls kaum ohne eine fürchterliche Anmaßung vorgenommen werden. Und so ist der ›Zufall der Geburt‹ nicht nur eine zu beseitigende Ungerechtigkeit, sondern auch eine *Gnade*. Dass sich die Eigenschaften und Fähigkeiten einer Person zu einem maßgeblichen Teil der Herstellbarkeit entziehen, birgt zwar in der Tat Ungerechtigkeiten und im Falle von schwerwiegenden Erbkrankheiten leidvolle Schicksale. Diese ausschließen zu können, wäre wohl tatsächlich eine Errungenschaft und

Verbesserung. Aber zugleich schützt uns die *Unverfügbarkeit des Anfangs*[22] vor der Verantwortung, über Leben und Tod entscheiden zu müssen. Sie schützt uns vor Hochmut, Hybris und der *totalen Verdinglichung* des Menschen. Und sie schafft eine *solidarische Verbundenheit*: Dass wir zu einem Gutteil *nicht* die Urheber unserer Fähigkeiten, Eigenschaften und Talente sind, bewahrt uns (im Idealfall) vor falschem Stolz, Überheblichkeit, Eitelkeit und Narzissmus und verbindet uns als schicksalhaft *ins Leben Geworfene* in Solidarität miteinander. Weil Menschen *unverschuldet* hilfsbedürftig sein können oder ›weniger starke Schultern‹ haben, wird gemeinhin für richtig befunden, dass ›stärkere Schultern‹ auch größere Lasten tragen sollen.

Politik wird überflüssig, Technik übernimmt die Herrschaft

Die in den letzten Jahrzehnten in vielen Teilen der Welt dominierende meritokratische oder auch als ›neoliberal‹ bezeichnete Ideologie ist jedoch nicht zuletzt ein Ent-Solidarisierungsprogramm. Und wie in den folgenden Kapiteln deutlich werden soll, bilden Transhumanismus, Neoliberalismus und Silicon-Valley-Kapitalismus eine ›unheilige Allianz‹ mit einem gemeinsamen ideologischen Kern. Im Neoliberalismus werden Krankheit und Armut als individuell zu verantwortende materielle Probleme eines atomistisch gedachten Individuums verstanden, das für seinen Erfolg oder sein Leid jeweils *selbst* verantwortlich ist. Im Transhumanismus folgt aus der Fiktion des Menschen als programmierbarer Maschine der Glaube, dass die Ursachen von Krankheit und Ungleichheit (nur) *technisch* behoben werden können. In beiden Fällen ist der Einzelne auf sich zurückgeworfen, wobei die (psycho-)sozialen, politischen und ökonomischen Ursachen von Krankheit und Ungleichheit einfach ausgeklammert oder negiert werden. Funktion und

Folge beider Fiktionen ist die Festigung und Verschleierung von Herrschaftszusammenhängen und Entmachtung von (demokratischer) Politik. Wenn nur der Einzelne für Krankheit und Ungleichheit verantwortlich ist und diese nur technisch gelöst werden können, gibt es keine Gesellschaft und keine widerstreitenden Interessen mehr. Politik wird in dieser Vorstellung so obsolet wie der mangelhafte Mensch: Es genügen Wissenschaft und Technik, um den Menschen von allem Leid zu befreien.

II. Vermessene Welt.
Zur Dialektik des Optimierungszwangs
in der kapitalistischen Moderne

Während der Mensch prämodern in stark begrenzte lokale, ideelle und soziale Rahmen eingefasst war und seine Position in der Welt und der Lauf seines Lebens durch Tradition, Standeszugehörigkeit und Religion festgeschrieben war, ergibt sich die Position des Individuums in der (westlichen) modernen Gesellschaft vor einem »ethisch offenen Horizont«[23]. Dies bedeutet, dass der Mensch seine Lebensziele und Lebensinhalte *selbst bestimmen* kann – aber auch *muss*. Damit ist die Idee und Möglichkeit individueller wie kollektiver Selbstbestimmung (in Form der Demokratie) nicht nur zentrale Errungenschaft der (westlichen) Moderne, sondern sie bedeutet neben der Last der Verantwortung auch ein theoretisches wie lebenspraktisches Problem der Orientierung: Wie, warum und wofür soll man was wählen? Welche Lebensziele sollen verfolgt werden oder nicht?

Dies hängt zunächst davon ab, welche Optionen überhaupt zur Verfügung stehen und welche von ihnen man auch tatsächlich wählen *kann*. Dies wird weiterhin auch durch soziale, politische, ökonomische und kulturelle Bedingungen, durch finanzielles, soziales, kulturelles und persönliches (körperlich-geistiges) Vermögen, innere und äußere Antriebe, Begierden, Glaubenssätze, Verpflichtungen, soziale Erwartungen und Bindungen und (unbewusste) Zwänge bestimmt. Doch diese Gegebenheiten sind in der Moderne nicht mehr *prinzipiell unveränderlich*, und die Freiheit, Optionen wählen und realisieren zu können, wird vor allem durch den Besitz von *Geld* möglich.

Die Position des Individuums in der modernen Gesellschaft respektive das Maß der Möglichkeit, Optionen verwirklichen zu können, ergibt sich somit zwar nicht nur, aber maßgeblich auch durch die eigene »Leistung«, durch die Eigenschaften und Fähigkeiten, die das Individuum auf dem Arbeitsmarkt anbieten kann und will sowie der monetären Entlohnung, die es dafür erhält. Auch dabei gilt wieder, dass Eigenschaften und Fähigkeiten sowie Position und Entlohnung des Individuums von sozialen, kulturellen, ökonomischen und politischen Bedingungen abhängig sind. Doch ungeachtet (der im Neoliberalismus negierten) ungleichen (Start-)Bedingungen ist in diesem Zusammenhang entscheidend, dass die Position des Individuums in der Welt und sein Vermögen, Optionen wahrnehmen zu können, im Rahmen der modernen Arbeitsgesellschaft und dabei im *Wettbewerb* mit anderen bestimmt wird.

Das Mittel der *Optimierung* wird hierbei zu einem *strukturellen Zwang* (und der Idee des guten Lebens): Denn die Vergrößerung von Fähigkeiten (durch Bildung) verspricht einen Wettbewerbsvorteil und erhöht die Chancen, sich mehr finanzielle, kulturelle und soziale Ressourcen aneignen zu können (um damit mehr Optionen realisieren zu können). Wie Hartmut Rosa schreibt, sind Subjekte angesichts des »ethisch offenen Horizonts«, – vor dem sie nicht sicher sagen können, was ein gutes Leben ist und welchen Zielen zu folgen sei, deshalb – »nachgerade dazu gezwungen, sich auf ihre Ressourcenausstattung zu konzentrieren«.[24] Denn unabhängig von der jeweiligen Vorstellung des guten Lebens »vergrößern sie ihre Möglichkeiten und Chancen, diese Konzeption einmal umzusetzen, wenn sie ihre Ausgangslage verbessern«.[25]

Für Hartmut Rosa ist der Modus des Wettbewerbs somit nicht nur ein zentraler Mechanismus zur Verteilung von Macht und Ressourcen, sondern er sei auch »der entscheidende Motor und die Antriebsquelle für die Generierung der psychischen und motivationalen Energien zur Erfüllung der Steigerungsimperative« der kapitalistischen Moderne.[26] Moderne Gesellschaften seien für den Erhalt ihres Status quo »systematisch auf Wachstum, Innovation und Beschleunigung angewiesen«. Sie können sich nur »*dynamisch stabilisieren*«, wie Rosa es fasst. Denn wenn sie *nicht* wachsen, beschleunigen und innovieren, bricht das Wirtschaftswachstum ein, sinken die Steuereinnahmen, können die Sozialsysteme nicht mehr finanziert werden, steigt die Arbeitslosigkeit und wird das politische System (potentiell) delegitimiert und instabil.

Die (im Transhumanismus auf die Spitze getriebenen) Steigerungsimperative sind somit ein (ökonomischer) Zwang, denen alle im kapitalistischen Wettbewerb befindlichen Subjekte, Organisationen, Unternehmen und Regierungen unterworfen sind. Es gilt, was schon Max Weber formulierte: »Wer sich in seiner Lebensführung den Bedingungen kapitalistischen Erfolges nicht anpaßt, geht unter oder kommt nicht hoch.« Rosa hält fest, dass der individuelle wie kollektive Wille zu Wachstum und Beschleunigung darum nicht nur auf dem Versprechen der Steigerung von Lebensqualität, sondern zumindest in den industrialisierten Gesellschaften des Westens auch auf der Angst vor dem Verlust des bereits Erreichten basiere: »Es ist nie genug, nicht, weil wir unersättlich sind, sondern weil wir immer und überall wie auf Rolltreppen nach unten stehen: Wann und wo immer wir anhalten oder innehalten, verlieren wir an Grund gegenüber einer hochdynamischen Umwelt, mit der wir überall in Konkurrenz stehen.«[27] Nicht der Steigerungswunsch *an sich* ist also problematisch, sondern dass er kein

Ende kennt und die jeweilige individuelle Steigerung sich *in Relation* zur Steigerung aller anderen Individuen bemisst – die ebenfalls nach Steigerung streben.

Wie Rosa betont, wird die hinter den Steigerungsimperativen stehende Motivation der Individuen jedoch nicht nur von Angst vor sozialem Ausschluss, Abstieg und Armut bestimmt, sondern zugleich auch von einem positiven Wollen, das kulturell (oder gar anthropologisch) verortet werden kann: einer Begierde nach der *Vergrößerung von Weltreichweite*, einem Verlangen, die Welt berechenbar, verfügbar und beherrschbar zu machen.[28] Dahinter stehe wiederum aber eigentlich der Wunsch, die Welt »zum Sprechen zu bringen«, sie »anrufbar« zu machen und sich »anzuverwandeln«. Dabei unterliegen wir jedoch einer (Selbst-)Täuschung und darin bestehe der Grundwiderspruch der Moderne, so die Kernthese Rosas: Was wir mit der Verfügbarmachung von Welt erreichen wollen – eine Resonanzbeziehung zwischen Subjekt und Welt –, *kann nicht verfügbar gemacht werden*, sondern bedarf gerade eines Elements der *Unverfügbarkeit*.[29] Auf diesen zentralen dialektischen Zusammenhang komme ich später noch einmal zurück.

Auch bei Rosa steht in Tradition der Soziologie und Sozialphilosophie damit im Kern seiner Analyse moderner Gesellschaften eine *Kritik* der modernen Weltverhältnisse und der Versuch, ihre *paradoxen Folgen und Nebenwirkungen* sichtbar zu machen. Wenn Max Weber den modernen Menschen in ein *stahlhartes Gehäuse einer entzauberten Welt* gesperrt sah, Marx und Lukács von *Entfremdung* und *Verdinglichung* sprachen, Marcuse einen *eindimensionalen*, Horkheimer einen nur noch von *instrumenteller Vernunft* geleiteten Menschen beschrieben und Rosa eine Dominanz von verdinglichenden oder *stummen Weltbeziehungen* diagnostiziert, soll damit deutlich gemacht werden, dass die für das Selbstverständnis liberal-demokratischer Gesellschaften zentralen Werte wie Freiheit und Gleichheit in ihnen nur *scheinbar* oder widersprüchlich verwirklicht sind, ja dass sich die Glücks- und Freiheitsversprechen der kapitalistisch-technischen Moderne geradezu in ihr *Gegenteil* verkehren.

Mehr Optionen, aber keine Zeit

Wie bereits festgestellt, hat die Möglichkeit der Selbstbestimmung ganz banal und basal auch den Zwang zur Folge, wählen zu *müssen*. Und da man sich zudem bei einer Entscheidung für etwas auch immer *gegen* etwas entscheidet, bedeutet die Entscheidung in ihrer Festlegung zugleich ebenso die Unfreiheit, nicht etwas anderes tun zu können, oder birgt gar die Gefahr, sich *falsch zu entscheiden*. Ob bei der Wahl des Berufes, Studiums, eines Lebenspartners oder Joghurts im Supermarktregal: Die gesteigerte Verfügbarkeit und Vielfalt von Optionen bedeutet die Aufforderung, die (richtigen) Optionen zu nutzen, seine Zeit und sein Leben nicht zu ›verschwenden‹. Dies produziert wiederum Stress, Unsicherheit, das Phänomen des Sich-nicht-festlegen-Wollens und Alles-Offenhaltens und die Angst, etwas zu verpassen – was mit dem Ausdruck »FOMO« (»fear of missing out«) bereits in die Jugendsprache eingegangen ist.

Ein Hauptgrund für diesen Konflikt besteht darin, dass für das Individuum mit gesteigerten Optionen auch die *nicht wahrnehmbaren Optionen* wachsen, da seine Lebenszeit *begrenzt* ist. Eine vermeintliche Lösung bietet hier die Strategie der Beschleunigung: Schneller zu werden und damit pro Zeiteinheit *mehr* Optionen wahrzunehmen, *mehr* zu erleben, *mehr* zu produzieren, wird für Individuen wie Unternehmen zu Antrieb, Ziel und Erfordernis des modernen (Wirtschafts-)Lebens.[30] Doch da die Beschleunigung im Wettbewerb mit anderen stattfindet, ist Grund wie Folge der Beschleunigung noch mehr Beschleunigung: Wenn ich schneller (effizienter) produziere als meine Konkurrenten, strengen sich meine Konkurrenten an, auch schneller zu produzieren, wodurch ich gezwungen bin, noch schneller zu produzieren, und so weiter.

Zudem bedeutet die (durch technische Konnektivität erreichte) Verfügbarkeit der Welt für das Individuum auch die *Verfügbarkeit des Individuums für die Welt*. Dass die Möglichkeit besteht, singulär betrachtet Zeit zu ›sparen‹, wenn ich eine Mail schreibe, statt einen Brief zu schreiben und diesen zur Post zu bringen, hat in der Summe aller solchermaßen handelnden und technisch vernetzt erreichbaren Individuen zur Folge, dass sich die Anzahl der zu schreibenden Mails erhöht und ich in derselben Zeit, die ich für das Schreiben und die Versendung eines Briefes aufwenden muss, nun zehn Mails schreiben muss.

Paradoxerweise haben wir so, obwohl oder eben gerade *weil* wir in einer beschleunigten Welt mit gesteigerter Vielfalt verfügbar gemachter Optionen leben, oft nicht *mehr*, sondern *weniger* Zeit für das, was wir mit Steigerung und Beschleunigung eigentlich zu erreichen hoffen. Steigerung und Beschleunigung sind damit nicht mehr Mittel zum Zweck eines guten Lebens, sondern werden zum Selbstzweck oder mithin gar für *das gute Leben selbst* gehalten. Die Welt wird dabei zu einem »Aggressionspunkt«, zu einer To-do-Liste, die dauernd wächst und niemals abgearbeitet werden kann: »[D]ie Einträge auf dieser Liste bilden die Aggressionspunkte, als die uns die Welt begegnet: der Einkauf, der Anruf bei der pflegebedürftigen Tante, der Arztbesuch, die Arbeit, die Geburtstagsfeier, der Yogakurs: erledigen, besorgen, wegschaffen, meistern, lösen, absolvieren.«[31]

So ist der moderne Mensch mithin dauernd *gestresst* und zunehmend depressiv. In der Logik technischer Optimierbarkeit und des Wettbewerbs wird die Schuld daran wiederum ganz im Sinne der meritokratischen Leistungsideologie individualisiert: Das Individuum ist selbst schuld, wenn es nicht mehr mithalten kann. Defizitär (und deshalb zu optimieren) ist der Einzelne: Seine begrenzten Aufmerksamkeitskapazitäten, begrenzte Zeit, sein begrenztes finanzielles, körperliches, kognitives oder emotionales Vermögen machen ihn selbst zum »Hindernis für die Ausdehnung von Weltreichweite«.[32]

Totale Selbstvermessung oder Genug ist nie genug

Dies gilt auch und vor allem für die (computerisierten) Selbst-oder Fremdvermessungsverhältnisse. Die totale (computerisierte) Vermessung des Körpers ist Programm und Ziel des Silicon-Valley-Kapitalismus – dessen unausgesprochene Leitidee der Transhumanismus ist. Alle der als »Big Five« bezeichneten oder mit dem Akronym GAFAM zusammengefassten Konzerne (Google, Amazon, Facebook, Apple, Microsoft) sind im Gesundheitssektor, den sogenannten »Life Sciences«: der Biotechnikforschung, Robotik und künstlichen Intelligenz aktiv. Unternehmer wie Mark Zuckerberg, Elon Musk, Peter Thiel, Bill Gates oder Larry Ellison sind mittelbar oder direkt mit transhumanistischen Projekten und Institutionen ideell wie materiell verbunden.

Schon heute gibt es fast nichts mehr, was im und am eigenen Körper mittels Smartwatches, Fitnesstrackern und Apps nicht vermessen und überwacht werden kann. Diese bieten einen »proaktiven Gesundheitsmonitor« an, wollen der »ultimative Trainingspartner« sein und sind zu »umfassenden Aktivitätstrackern« geworden: »halb Bodyguard, halb Guru«.[33] Während solche Überwachungsgadgets in den Erzählungen ihrer Hersteller als Mittel von Selbstermächtigung, Befreiung und Erkenntnisgewinn verkauft werden (»knowledge through numbers«), wird der eigene Körper dadurch nicht nur für die vermessenden Konzerne, sondern auch für einen selbst zu einem Mittel zum Zweck, zu einem Objekt, dem zu misstrauen ist und das deshalb kontrolliert werden muss – beziehungsweise andersherum: zu einem Objekt, das kontrolliert wird und dem deshalb misstraut wird. Gefasst mit dem eben angeführten Begriff Hartmut Rosas wird hier der eigene Körper zu einem weiteren »Aggressionspunkt«, auf den nicht mehr intuitiv gehört wird, sondern der im allgegenwärtigen Blick auf Mess- und Vergleichswerte stets angepasst und optimiert werden muss.

Denn auch in Ideologie und Praxis des Silicon-Valley-Kapitalismus ist der Mensch prinzipiell ein *Mängelwesen*, das mit und wegen dieser propagierten Defizienz finanziell ausgeschlachtet, kontrolliert und sozial normiert werden soll. Wie Anna-Verena Nosthoff und Felix Maschweski in *Die Gesellschaft der Wearables* zeigen, wird mit selbigen der Alltag in einen »kontinuierlichen Wettbewerb umgewandelt, der täglich neue Aktivitätsziele vorgibt«.[34] Gut ist niemals gut genug. Die bereits geschilderte (paradoxe) Logik der Steigerung ist dabei strukturgleich zum Wachstumszwang der gesamten Volkswirtschaft. Mit jedem Schritt, den man heute mehr gegangen ist als gestern, wächst die Anforderung für den nächsten Tag: Es muss wieder ein Schritt mehr gegangen werden, als der Schritt, den man gestern im Vergleich zu vorgestern mehr gegangen ist. Aus der geschafften Steigerung resultiert keine Zufriedenheit und auch kein Innehalten, sondern im Gegenteil: eine Eskalation des Bedürfnisses, das Gesteigerte zu steigern.[35]

All dies geschieht, obwohl subjektive Erfahrungswerte und wissenschaftliche Erkenntnisse bezeugen, dass für guten Schlaf, Gesundheit und Wohlbefinden weniger die Benutzung einer Smartwatch als etwa die *Qualität sozialer Beziehungen* maßgeblich ist. Es wird im Rahmen eines rein materiell-maschinellen Menschen- und Weltbildes erneut die (für Unternehmen profitable) Illusion erzeugt, dass die Ursachen für Gesundheit und Wohlbefinden lediglich auf materielle Parameter des jeweiligen Individuums zurückgeführt und dank ihrer Hervorbringung behoben werden könnten. Wenn aber nur der Einzelne für sein Wohlergehen verantwortlich ist, verwundert es nicht, dass die Mess-, Steigerungs- und Wettbewerbsimperative nicht nur Hochgefühle, sondern auch Selbstabwertungen, Unzufriedenheit, Schuldgefühle, Angst und Stress produzieren und sogar zu Ohnmachtsgefühlen statt Selbstermächtigung führen können. Denn durch technische Vermessung und Überwachung werden mithin auch Eigenschaften, Verhältnisse und Verhaltensweisen sichtbar gemacht, die gar nicht oder jedenfalls nicht so einfach durch den Einzelnen verändert werden können. Verfügbarkeit produziert neue Unverfügbarkeit. So weist Rosa darauf hin, dass gestiegenes Wissen potentiell problematische Folgen haben kann: Wenn etwa Gebärende über mögliche Komplikationen während der Geburt informiert sind, die sie selbst jedoch gar nicht beeinflussen können, habe dies dazu geführt, dass Frauen heute mehr Angst vor dem Gebären haben als früher. Ähnlich verhalte es sich mit Sicherheitstechnologien: »Je mehr Überwachungskameras, Warnanlagen, Einbruchsicherungen und Schutzzäune um ein Anwesen herum installiert sind, umso unsicherer fühlen sich die Bewohner. (...) Es untergräbt das Vertrauen in die eigene Wirksamkeit und in die Fähigkeit, angemessen hören und reagieren zu können, indem es ebendiese Fähigkeit auf die Apparate und Experten überträgt.«[36]

Transhumanismus als Versprechen der Erlösung vom Optimierungsdruck

Liegt somit nicht der Schluss nahe, selbst zum Apparat werden zu wollen? Die Phantasien des Transhumanismus können als eine (unbewusste) Reaktion auf die hier nur bruchstückhaft skizzierten Paradoxien und Pathologien des auf Steigerungszwang und Wettbewerb basierenden gesellschaftlichen Reproduktionsmodells der technisch-kapitalistischen Moderne verstanden werden. Ziel und Idee des guten Lebens bleiben zwar dieselben: Durch die technisch hergestellte Vergrößerung geistiger und körperlicher Fähigkeiten soll *noch mehr* Welt in Reichweite geholt werden. Doch den (als solchen nicht erkannten) Dilemmata will man entgehen, indem die Grenzen des Leibes eingerissen werden und der Mensch in ein interstellar expandierendes Wesen transformiert wird. Die Unvereinbarkeit von Realisierung aller Optionen und begrenzter Lebenszeit scheint dadurch aufgehoben: Der transhumane Supermensch wird nicht mehr über Optionen grübeln und eine ›falsche‹ Wahl treffen, da er von allem ›falschen Wollen‹, allen ›negativen‹ Affekten und Emotionen, körperlichen Leiden, kognitiven Verzerrungen und mangelhaften genetischen Dispositionen befreit, nur noch das wollen und wählen wird, was gut und richtig für ihn ist. Und da sein körperlich-geistiges Fassungsvermögen radikal erweitert und seine Lebenszeit bis zur Unsterblichkeit ausgedehnt wird, wird es auch keine verpassten Chancen und Alternativen mehr geben.[37]

So findet die menschliche Kultur als Versuch, dem Reich des Todes ein Reich der Dauer entgegenzusetzen, im Transhumanismus ihre vermeintliche Vollendung. Im Spiegel des Computers erblicken sich Transhumanisten als defizitäre Wesen, aber zugleich erblicken sie auch die Möglichkeit, mit seiner Hilfe diese Mängel zu beseitigen und der Leiblichkeit und Sterblichkeit zu entfliehen. Diesen Weg erkannte auch Günther Anders in seinem 1956 erschienenen Werk über die *Antiquiertheit des Menschen*: Da der Mensch »als Naturprodukt, als Geborener, als Leib, zu eindeutig definiert ist, als daß er die Veränderungen seiner, aller Selbstdefinierung spottenden, täglich wechselnden, Gerätewelt mitmachen könnte«, unternehme er nun zum Beweis seiner »Ding-Frömmigkeit« den Versuch einer »Selbstreform«, des »Human Engineering, also Ingenieurarbeit am Menschen«.[38]

Die Pointe der Geschichte, die sich in unterschiedlichen Ausprägungen auch schon in antiken Mythen oder etwa Goethes *Zauberlehrling* findet, findet sich auch bei Anders: Geplagt von »prometheischer Scham« im Angesicht unserer Mangelhaftigkeit im Vergleich zur »beschämend hohen Qualität der selbstgemachten Dinge«,[39] wollen wir selbst zur Maschine werden – und werden von den Schöpfern der Maschinen zu ihren Sklaven. Die Maschine würde zum eigentlichen Subjekt der Geschichte, so Anders, und das Verhältnis zwischen Nachfrage und Angebot erfahre eine »eigentümliche Pervertierung«: »Offen und schamlos tritt nun das Gerät mit dem Anspruch auf, Subjekt der Nachfrage zu sein; mit dem Verlangen, daß ihm dasjenige geboten werde, was es benötigt; daß also der Mensch (da er ja, so wie er ist, kein für das Gerät akzeptables Angebot darstellt) sich anstrenge, mit immer besseren Offerten aufzutreten; also dasjenige zu bieten, was das Gerät benötigt, um so zu funktionieren, wie es funktionieren könnte.«[40]

Als grundsätzlich »neu und unerhört« versteht Anders dabei nicht, dass wir prinzipiell nach solchen Selbstverwandlungen streben, sondern dass wir sie »unseren Geräten zuliebe durchführen« und dabei die Maschinen zum Maßstab der Anpassung machen.[41] Diese »Dehumanisierung« durch Anpassung an die Maschine wird im Transhumanismus freilich zu einer Notwendigkeit und Heilsgeschichte umgedeutet. In den Worten von Stefan Lorenz Sorgner: »Alle Prozesse der Lebenswelt werden digitalisiert. (...) Smart Cities werden entwickelt. Doch wenn der Mensch gleich bliebe, könnten all diese Prozesse einen wesentlichen Teil ihrer Wirkung nicht entfalten. Smart Cities brauchen geupgradete Menschen.«[42] Um mit dem Takt der Maschinen mithalten zu können und sich von der »prometheischen Scham« zu befreien, verspricht der Transhumanismus dem im Kontext von kapitalistischer Wirtschaftsordnung, neoliberaler Ideologie und allgegenwärtigen Leistungs- und Optimierungsimperative erschöpften Selbst die (Er-)Lösung: schneller und leistungsfähiger zu sein und selbst zum Computer, zur Maschine zu werden.

There is no alternative – Transhumanismus und totale Computerisierung als Ideologie

Wie im Zitat von Sorgner prototypisch zum Ausdruck kommt, wird die Vorstellung, dass alles und jeder mit allem und jedem computerisiert zu vernetzen sei, nicht nur als in jedem Fall bessere, sondern auch als im Indikativ formulierte, vorgeblich einem Naturgesetz folgende *einzig* mögliche Zukunft der menschlichen Zivilisation dargestellt. In dieser Ausweisung des von uns Gemachten als scheinbar determiniert natürlich Gegebenen besteht der ideologische und totalitäre Charakter des Transhumanismus und Silicon-Valley-Kapitalismus. Denn diese Naturalisierung und Suggestion scheinbarer Alternativlosigkeit trägt dazu bei – und dies ist das Ideologische –, Denk-, Diskurs- und Handlungsräume einzuschränken, gegen Kritik zu inhibieren und (damit) (Macht-)Interessen und Machtverhältnisse zu verdecken. Ob wir eine Zukunft mit mehr Digitalisierung und Upgrading von Mensch und Welt wollen sollten, ja ob es gar gute Gründe geben könnte, die *dagegen* sprechen, wird gar nicht zur Diskussion gestellt. Wie Adrian Daub schreibt, haben die digitalen Leitunternehmen damit nicht nur unsere Kommunikationsinfrastrukturen, sondern auch unsere Vorstellungskraft okkupiert und monopolisiert.[43] Die dauernden Verlautbarungen, dass alles mehr und schneller zu digitalisieren sei, wirken dabei zudem *performativ*: Sie erzeugen die verlautbarte digitalere Zukunft mit – sie werden zu sich *selbst erfüllenden Prophezeiungen*.

III. Das Ende von Subjekt und Politik: Menschen als Algorithmen und die totalitäre Schließung

Während der Körper durch digitale Selbstüberwachung auch für einen selbst zum Objekt wird, ist er es aus Sicht der vermessenden Konzerne und staatlichen Institutionen immer schon gewesen. Alle Aufzeichnungen über den einzelnen Körper und sein Verhalten bilden hier nur einen Datenknotenpunkt innerhalb eines Datenkörpernetzwerks, einer kybernetischen Computerinfrastruktur, in der die Messungen aller angeschlossenen Körper und Dinge aufgezeichnet, analysiert und monetarisiert werden, um damit den einzelnen Körper wie den sozialen Gesamtkörper berechenbar, verwertbar und steuerbar zu machen.

Zwar sind weder die individuelle noch die kollektiv-biopolitische Vermessung des (Volks-)Körpers genuin neue Phänomene, doch mit den neuen computerisierten Möglichkeiten werden die Körper und ihr Verhalten in Bereichen und Dimensionen vermessen, die vorher *nicht* oder jedenfalls *nicht auf diese Art* und *in diesem Maße* vermessen wurden. Facebook kann angeblich anhand von 300 Likes die politische Meinung einer Person besser vorhersagen als ihr Ehepartner. Datenhändler wie die US-amerikanische Firma Acxiom können für fast jeden US-Amerikaner hunderte Merkmale wie Alter, Wohnsitz, Geschlecht, Hautfarbe, Kaufverhalten, Ausbildung, Einkommen, politische Einstellungen, Krankheiten, Finanzen, Familienstand, Urlaubsträume, Haustiere oder Zeitschriftenabonnements zuordnen. Der ehemalige Chef von Cambridge Analytica stellte die zwar umstrittene und nicht bewiesene (oder noch schlimmer: nicht widerlegbare) Behauptung auf, dass Cambridge Analytica über »Psychogramme« aller US-Bürger verfüge.[44] Dasselbe ließe sich über andere Unternehmen und staatliche Institutionen von China bis Singapur oder Deutschland sagen. In Form und Umfang handelt es sich um eine genuin neue Akkumulation von Wissen über das Verhalten, Handeln, Fühlen, Sprechen, Denken, die Einstellungen, Abneigungen, Wünsche, Träume und Präferenzen von Personen und damit um eine grundlegende Transformation der Bedingungen von Politik, Macht und sozialer Organisation.

Durch computergestützte Messungen wird dabei Vergleichbarkeit geschaffen, wo vorher keine oder nicht in demselben

Ausmaß vorhanden war und damit auch Wettbewerb, wo vorher keiner oder nicht in demselben Ausmaß existierte. Lebensbereiche, die einst von einer Markt- und Wettbewerbslogik ausgenommen waren, werden (unfreiwillig) in diese miteinbezogen.[45] Die *Kommodifizierung* aller Lebensbereiche ist durch die computerisierte Vernetzung bereits fast ins äußerste Extrem getrieben worden. Im »Überwachungskapitalismus«[46] sind sämtliche Handlungen, Prozesse und Weltbeziehungen zu einer *Ware* geworden – oder sollen es noch werden. In Anlehnung an Jürgen Habermas kann von der (endgültigen) Kolonisierung der Lebenswelt gesprochen werden.

Während mit Verbreitung des Computers und Internets neue digitale Infrastrukturen in Privateigentum entstanden, wurden im Zuge der in den 1980ern wirkmächtig werdenden und gemeinhin als neoliberal bezeichneten Ideologie auch alte Infrastrukturen, die vormals in öffentlicher Hand waren, privatisiert. Damit fand – zusätzlich noch verstärkt durch die (vermeintlichen) Sachzwänge des globalen Wettbewerbs – in den letzten Jahrzehnten diskursiv wie materiell eine Schwächung der Gestaltungsspielräume von nationalstaatlicher (demokratischer) Politik statt. Die Eigentümer der digitalen Infrastrukturen bieten nun an, das von demokratisch legitimierter Einflussnahme auf die Lebensverhältnisse solchermaßen bereits entkernte Modell gleich ganz zu übernehmen – etwa das Gesundheits-, Verkehrs- oder Energiesystem »effizienter« zu organisieren – und in eine zentralistische Datenplanwirtschaft, in Privateigentum zu verwandeln.

Denn die ironische Volte der Geschichte besteht darin, dass die bei der Zurückdrängung des Staates propagierte Überlegenheit des Marktes als Allokationsmechanismus von Ressourcen gegenüber einer staatlich gelenkten Planwirtschaft vor allem damit begründet wurde, dass für einen Erfolg letzterer nicht genügend Informationen zur Verfügung stünden. In der computerisiert vernetzten Gegenwart beziehungsweise einer noch vernetzteren Zukunft, in der alles und jeder computerisiert beobachtet, analysiert und berechnet wird, scheint dieses Informationsdefizit nun aufgehoben. Während die neoliberale Propaganda noch verlautbarte, dass der Markt die beste gesellschaftliche Regelungsform sei und der Staat (durchaus interventionistisch) dafür zu sorgen habe, dass sich die Marktkräfte möglichst gut entfalten können, wird die Fiktion des ›freien Marktes‹ (der nie existierte) nun gleich ganz beerdigt. Die (zum Teil bereits realisierte) Vision der digitalen Plattformmonopole besteht in der (endgültigen) Fusion von Markt und Staat in einem allumfassenden korporativen Monopol oder Oligopol: Die Unternehmen werden selbst zum Markt, auf dem durch zentralisierte technische Erfassung und Berechnung der Individuen die Steuerung der Gesellschaft am besten durch sie selbst geschehen soll.[47] Ziel und Ergebnis der Herrschaft der Plattformmonopole, so der Soziologe Philipp Staab, ist die Schaffung und Erhaltung »proprietärer Märkte«.[48] Und die Medientheoretikerin McKenzie Wark warnt davor, dass der Silicon-Valley-Kapitalismus zwar den Kapitalismus abschaffe, ihn aber durch etwas Schlimmeres ersetze.[49]

Herrschaft mit Maschinen.
Der Mensch als Designobjekt II

Mit totaler computerisierter Vernetzung und Berechnung soll dabei ein weiterer Bestandteil der neoklassischen und neoliberalen Wirtschaftsideologie zur Vollendung gebracht werden: der *Homo oeconomicus*. Denn wie Verhaltensökonomik und Psychologie gezeigt haben, entsprechen Menschen keineswegs dem Ideal des »rationalen Eigennutzenmaximierers«, der stets die beste Wahl im Sinne der bestmöglichen Allokation knapper Mittel zur Erreichung seines Ziels trifft. Vielmehr sind Menschen (nun endlich optimierbare!) Mängelwesen, deren Präferenzen nicht stabil sind, die an Informationsdefiziten, kognitiven Verzerrungen, falschen Selbst- und Risikoeinschätzungen leiden und von Affekten und Trieben beherrscht werden, die ihr Entscheidungsvermögen trüben. Verfügten sie jedoch über vollständige Informationen, unbegrenzte kognitive Verarbeitungsfähigkeit und ausreichend Willenskraft, würden sie dem Ideal des *Homo oeconomicus* entsprechen.[50] Hier treten nun die neuen Menschenmacher und selbst ernannten Weltverbesserer auf den Plan. Mittels (adaptiver) Entscheidungsarchitekturen (»Nudging«),[51] Belohnungssystemen und KI-Assistenten soll aus dem, wie Kant noch feststellte, »krummen Holze«, aus dem der Mensch gemacht sei, nun doch »etwas Gerades« gezimmert werden. Durch den *Homo connecticus – wie* Gaspard Koenig ihn nennt – soll die Fiktion des *Homo oeconomicus* Wirklichkeit werden.[52]

Während in der Theorie des »Nudge« (Englisch für Stups oder Schubs) – das meist genannte Beispiel hierfür ist eine Cafeteria, in der die gesunden Produkte so platziert sind, dass sie an erster Stelle ins Blickfeld geraten – sowie bei der Idee des chinesischen Sozialkreditsystems oder verhaltensabhängigen Versicherungstarifen zumindest theoretisch für das Individuum noch Entscheidungsspielräume verbleiben, sollen in der ultimativen Vision von Google, Transhumanisten und Xi Jinping digitale Begleiter das Individuum in all der Optionenvielfalt ganz von der Last der Entscheidung befreien. Denn mit der vollständigen Aufzeichnung und Analyse unseres Verhaltens wüssten die Maschinen viel besser als wir selbst darüber Bescheid, was wir wollen und tun (sollen). Wie oft am unverblümtesten hat dies der ehemalige CEO von Google, Eric Schmidt, ausgedrückt: »Ich denke tatsächlich, dass die meisten Menschen nicht wollen, dass Google ihre Fragen beantwortet; sie wollen, dass Google ihnen sagt, was sie als Nächstes tun sollen.«[53] Und Nick Bostrom formuliert demgemäß ein Gebot »epistemischer Fügsamkeit« gegenüber der künftigen »Superintelligenz«: »Eine zukünftige Superintelligenz nimmt einen epistemisch überlegenen Blickwinkel ein: Ihre Überzeugungen (hinsichtlich der meisten Dinge) sind (vermutlich) eher wahr als unsere. Wir sollten uns daher so oft wie möglich ihrem Urteil anschließen.«[54]

KI als neuer Gott und das Ende des Individuums

Um Profit und Superintelligenz zu generieren, werden digitale Dienste heutzutage so gestaltet, dass Menschen möglichst viel Zeit mit ihnen verbringen. Die dabei eingesetzten Mittel – Belohnung *(likes)*, Konflikt *(tweet clashes)*, Wettstreit (Zahl der *follower)* –[55] appellieren allerdings keineswegs an Vernunft und Stärkung der Urteilskraft des Einzelnen. Die vorgebliche oder eben nur scheinbare Rationalisierung des irrationalen Tieres Mensch setzt vielmehr ganz auf das, was es auszumerzen sucht: Affekte und Instinkte.[56] Die Erzeugung von Sucht und Abhängigkeit dient dazu, dass mehr Daten entstehen und die Algorithmen im Sinne der Maximierung von Effizienz, Profit und Schaffung der angestrebten Superintelligenz optimiert werden. Oder wie es Adrian Lobe auf den Punkt bringt: »Nicht menschliche, sondern künstliche Intelligenz soll intelligenter werden.«[57]

Wenn aber die gottgleiche, allwissende KI erreicht sei, solle diese laut Prophezeiung der Sozialingenieure des Silicon Valleys nicht nur die effizientesten, von allen Irrungen bereinigten und den tatsächlichen Präferenzen des Individuums entsprechenden, sondern gegebenenfalls gar die moralisch richtigen und für das Gemeinwohl besten Entscheidungen treffen (können). Philosophisch geht es hierbei im Kern zunächst um die Frage der Willensfreiheit. Der transhumane Tech-Utopismus und Teile der Biowissenschaften sprechen dem Menschen eine solche ab: Unser Ich und unser Glaube an einen freien Willen und Selbstbestimmung seien Fiktionen und lediglich das Resultat biochemischer und physikalischer Prozesse. In Wirklichkeit seien wir ein aus vielen kleineren Algorithmen zusammengesetzter Algorithmus, der kybernetisch mit der Umwelt verschaltet auf Homöostase, die Erhaltung von Gleichgewicht, programmiert ist. Unsere von »Genen und Umweltzwängen« beeinflussten Entscheidungen seien »entweder deterministisch oder zufällig, niemals aber frei«, so Yuval Noah Harari.[58] Und *weil* wir Algorithmen seien, so Harari weiter, könnte ein (mich schon pränatal begleitender) Algorithmus »genau wissen, wer ich bin, wie ich mich fühle und was ich will. Einmal entwickelt, könnte ein solcher Algorithmus den Wähler, den Konsumenten und den Betrachter ersetzen.«[59]

Die Herrschaft von Computeralgorithmen über den Algorithmus Mensch lässt sich damit, wie es Roberto Simanowski treffend fasst, als »lediglich effektivere Form der Determination rechtfertigen«.[60] Unsere (wahre) Bestimmung sollen wir finden, indem wir die Fiktion der Selbstbestimmung und Willensfreiheit aufgeben und die Bestimmung unserer Wünsche und Entscheidungen – welche dann keine mehr sind – an die KI delegieren. Vom Zwang, selbst entscheiden zu müssen und der daraus resultierenden Verantwortung befreit, sollen wir in die Freiheit des Zwangs übergehen, nicht mehr selbst entscheiden zu müssen und möglicherweise dabei zu irren. Ob Beruf, Studium, Partner oder Joghurt – die KI wird im Ozean der Daten und Datenkörper dasjenige und diejenigen finden, die am besten zu meinen ›wirklichen‹ Präferenzen passen. Harari imaginiert einen Dialog mit einer allwissenden Google-KI, die einer von Unsicherheit geplagten Person auf die Frage antwortet, ob sie eine Beziehung mit Peter oder Paul eingehen soll. Google sagt:

»Nun, ich kenne dich vom Tag deiner Geburt an. Ich habe all deine E-Mails gelesen und all deine Telefongespräche aufgezeichnet, ich kenne deine Lieblingsfilme, deine DNA und die gesamte Geschichte deines Herzens. Ich verfüge über genaue Daten zu jeder Verabredung, die du hattest, und wenn du willst, kann ich dir sekundengenau zeigen, welchen Puls, welchen Blutdruck und welchen Blutzuckerspiegel du hattest, wenn du dich mit Peter oder Paul getroffen hast. Wenn nötig, kann ich dir sogar eine genaue mathematische Rangliste aller Sexualkontakte liefern, die du mit ihnen hattest. Und selbstverständlich kenne ich die beiden genauso gut wie dich. Auf der Grundlage all dieser Informationen, meiner großartigen Algorithmen und umfassender Statistiken über Millionen von Beziehungen rate ich dir, dich an Peter zu halten, denn die Wahrscheinlichkeit, dass du auf lange Sicht mit ihm zufrieden sein wirst, liegt bei 87 Prozent.«[61]

Abgeschafft wird (zunächst) also nicht der Mensch aus Fleisch und Blut, sondern die Idee des autonomen Individuums. Der »Glaube an den Individualismus« wird »zerbrechen«, formuliert Harari: »Die Menschen werden sich nicht mehr als autonome Wesen betrachten, die ihr Leben entsprechend den eigenen Wünschen führen, sondern viel eher als eine Ansammlung biochemischer Mechanismen, die von einem Netzwerk elektronischer Algorithmen ständig überwacht und gelenkt werden.«[62] Dabei müssten wir keine Angst davor haben, dass die Algorithmen »aufbegehren und uns versklaven. Vielmehr werden sie Entscheidungen für uns so gut treffen, dass wir verrückt wären, ihrem Rat nicht zu folgen.«[63] Der »beste Liberalismus«, so fasst es Harari in einem Gespräch mit Gaspard Koenig auf dessen Nachfragen hin zusammen, sei derjenige, »der uns von unseren unsinnigen Begierden befreit«.[64]

So führen die als (kompensatorische) Abwehrmechanismen der modernen Trennung des Individuums von der Welt zu verstehenden Kontroll- und Allmachtsphantasien der westlichen Moderne (und des Transhumanismus) – zumindest theoretisch – zur Auflösung des Individuums und zurück in den Schoß der Verbundenheit. Doch wäre es nicht paradox oder gar eine bittere Pointe oder (weitere) Kränkung, wenn sich die Realisierung des Menschen als in die Natur eingebundenes Wesen erst in seiner technischen Transformation oder Überwindung schaffen ließe?[65] Harari sieht am Horizont keinen »Homo deus«, wie ihn sich vielleicht einige Transhumanisten vorstellen. Stattdessen fasst er das derzeitige Geschehen als Entstehen des Glaubens an einen neuen Gott, als Entstehen einer neuen Religion: dem *Dataismus*. Menschen sind im Dataismus nichts als Datenverarbeitungssysteme. Ihre einzige Funktion sei es, das »Internet der Dinge« zu schaffen.[66]

Freiheit durch die Befreiung von Entscheidungen

Wir rekapitulieren: Die moderne Überforderung – durch grenzenlose Steigerung, Wettbewerb und Beschleunigung – erzeugt den Wunsch nach Regeln, Grenzen und einer festen Ordnung. Wir wollen gesagt bekommen, was zu tun ist, anstatt Wirkungen und Motive abschätzen, entscheiden und Verantwortung übernehmen zu müssen. Religion ist ein psychischer Entlastungsanker. Mit ihr kann das freie Denken abgegeben werden, und es können Gesetze befolgt werden, die von einer nicht hinterfragbaren und unsichtbaren Autorität kommen. Genau das Nicht-Menschliche und Unhinterfragbare der Religion macht ihre Kraft und ihren Reiz aus. Dem entgegen sagte die Aufklärung: Nicht mehr Gott, sondern die menschliche Vernunft soll Ordnung in der Welt schaffen und der Mensch selbst die Gesetze finden und aufstellen, wie Natur und Gesellschaft funktionieren (sollen). Die Vernunft gebar den Computer, und mit ihm soll nun eine neue Ordnung geschaffen werden: Alle Wünsche und Begierden, Prozesse und Fakten, Dinge und Lebewesen, Moleküle und Atome sollen in die Rechenmaschine eingespeist werden, auf dass die Maschine zu einem neuen allwissenden Gott werde, an den wir die Verantwortung erneut abtreten können. Doch diesmal als Religion der Ratio, als vom Menschen geschaffene *Ultima Ratio.*

Wir schaffen einen (neuen) Gott. Seine Gesetze werden sogleich exekutiert. Law is code. Wenn wir tun, was die Maschine sagt und wofür sie uns belohnt, und wenn wir lassen, wofür sie uns bestraft, folgen wir dem Gesetz, welches die effizienteste Datenverarbeitung oder das größtmögliche Glück aller zum Ziel hat. Da wir nicht mehr gegen Gesetze und Gebote verstoßen können, gibt es keine Qual mehr, wenn wir uns nicht an Gottes Gesetze halten. Wir sind endlich von jeglicher Schuld befreit. Die ganze Last, ein Individuum zu sein, selbst entscheiden zu müssen und verantwortlich zu sein, ist genommen. Befreiung durch Freiheit von Entscheidung. Das Dilemma der Moderne ist aufgehoben, die Illusion der Selbstbestimmung ist Vergangenheit. Das Selbst findet seine Bestimmung und Auflösung durch den Gott der Künstlichen Intelligenz.

Beerdigt würden mit dem Welt- und Menschenbild des Dataismus also die normativen Grundlagen freiheitlicher Demokratien. Ohne (die Annahme eines) freien Willen gibt es keine Verantwortung, keine Schuld, keine Freiheit, keine Selbstbestimmung, keine Moral, keine Demokratie und schlussendlich eben auch kein Individuum. Selbst wenn zuträfe, dass wir determinierte Wesen sind, gilt deshalb, so paradox es klingt und ist: *Um frei zu sein, bedürfen wir der Illusion, frei zu sein.* Die Fiktion des freien Subjekts ist Voraussetzung für die realen Freiheiten im Rahmen liberaler Demokratien.

Wie indes im Angesicht totaler Computerisierung (individuelle) Freiheiten erhalten und ein digitaler Totalitarismus oder Paternalismus verhindert werden können und wie stattdessen ein *planetarisch-sozialer Liberalismus* aussehen könnte, der das Individuum nicht als getrenntes, sondern in die Natur eingebundenes und soziales Wesen begreift, ist vielleicht die zentrale politische Denksportaufgabe des 21. Jahrhunderts.

Eine Frage der Macht

Wer entscheidet in einer Welt totaler Computerisierung? Nach so viel Dataismus sei einmal explizit gesagt: Ein Computerprogramm entscheidet und versteht *nichts*. Es kennt die Welt nicht, es existiert nicht *in der Welt*. Es hört nichts, sieht nichts, versteht nichts und spürt nichts. Solange die Maschinen nicht die Superintelligenz erlangt haben, von der Transhumanisten und Silicon-Valley-Kapitalisten träumen, gilt: *Ausschließlich Menschen bestimmen die Maßstäbe und Ziele der Datenverarbeitung der algorithmischen Systeme.* Und wie die Geschichte lehrt, sind Menschen mit Macht meist primär am Erhalt und der Erweiterung ihrer Macht interessiert. Wer die Macht über die (computerisierten) Entscheidungsarchitekturen besitzt, wird geneigt sein, diese so zu gestalten, dass die Entscheidungen den eigenen Machtinteressen dienen. Bereits heute entziehen sich die computerisierten Infrastrukturen und Entscheidungsarchitekturen demokratischer Legitimation und Kontrolle oder verstoßen gegen Gesetze und Verfassungen.

Die Kernidee der Republik und des demokratischen Verfassungsstaats besteht in der *Begrenzung und Kontrolle von Macht* (Gewaltenteilung, Rechtsstaatsprinzip und so weiter). Und bezüglich der Verarbeitung von Daten muss laut Rechtsprechung des Bundesverfassungsgerichts die *informationelle Selbstbestimmung* des Einzelnen sowie eine institutionelle *informationelle Gewaltenteilung* gewährleistet sein. Räume der Privatheit und informationelle Selbstbestimmung sind elementare Voraussetzungen für Freiheit, Kreativität, Offenheit, Pluralismus und Demokratie. In Zeiten von Big Data und Dataismus handelt es sich dabei mittlerweile allerdings weitestgehend um Fiktionen.. Ob und wie liberale Demokratien in Zeiten von Big Data überleben können, ist deshalb eine offene Frage. Denn wie Harari treffend anmerkt, lautet das oberste Gebot des Dataismus, dass *die Information frei sein muss* – und nicht der Mensch.[67]

Ein Kern des demokratietheoretischen Problems in Zeiten von Big Data und Dataismus besteht darin, dass die Computerisierung zur Steigerung der Datenmenge und ihrer *Zentralisierung* neigt. Denn je mehr Daten analysiert werden können, desto größer ist der (potentielle) Nutzen, desto effizienter werden die Algorithmen und desto größer ist die Macht. Die Gefahr einer totalen Computerisierung liegt darin, dass sie eine totalitäre Schließung ermöglichen würde, aus der es kein Entkommen mehr gäbe. Wie Nosthoff und Maschewski anmerken: Aus einem individuellen »I have nothing to hide« könnte ein institutionelles »Nowhere to hide« werden.[68] Denn nicht zuletzt könnten uns die Programmierer der (allwissenden) Maschinen nicht nur nahelegen, welche Entscheidungen angeblich die besten für uns sind, sondern die Maschinen können auch so programmiert sein, dass diese gegebenenfalls auch *durchgesetzt* werden – respektive für den Benutzer oder Bürger gar keine Entscheidung mehr möglich ist. Passt der Joghurt nicht zu meinen Gesundheitswerten, wird die digitale Bezahlung gesperrt. Zu viel Alkohol getrunken? Das »Alkolock« wird mich nicht losfahren lassen. Zu schnell gefahren? Die Strafe wird sogleich abgebucht oder noch besser: Ich *kann* gar nicht mehr schneller fahren, als vorgeschrieben ist, da das Auto darauf programmiert ist. Und wenn ein Regelverstoß nicht bereits physisch unmöglich ist, könnte durch umfassende computerisierte Überwachung *jeder* Regelverstoß geahndet werden. Wovon Technokraten in Europa und den USA (noch) nur verschämt träumen, ist explizites Ziel der Kommunistischen Partei Chinas. Wie bei Kai Strittmatter nachzulesen ist, heißt es in staatlichen Richtlinien des Jahres 2016 unter dem Punkt »Beschleunigung der Bestrafungssoftware«, dass »die automatische Verifizierung, die automatische Überwachung und die automatische Bestrafung« eines jeden »Vertrauensbruchs« erreicht werden soll.[69]

Computerisierte Herrschaft als Todesmaschine

Die digitale Diktatur Xi Jinpings und der Kommunistischen Partei muss wohl als *die* Blaupause für Herrschaft im 21. Jahrhundert betrachtet werden. Mit nahezu flächendeckend installierten Kameras und dahinter stehender Software können prinzipiell alle sich im öffentlichen Raum befindlichen Personen identifiziert und von Kamera zu Kamera verfolgt werden. Wer in Shanghai bei Rot über die Ampel geht, bekommt die Strafe automatisch aufs Smartphone gesendet. Bahnhöfe gewähren zum Teil nur noch Zutritt, wenn man sein Gesicht scannen und mit der Polizeidatenbank abgleichen lässt.[70] Für den Erhalt einer SIM-Karte muss man sich seit Dezember 2019 per Gesichtsscan registrieren.[71] Barzahlungen finden fast nicht mehr statt, bezahlt wird entweder mit Alipay von Alibaba oder der Masterapp WeChat des Konzerns Tencent. Chinas führendes Unternehmen für Spracherkennung iFlytek produziert nicht nur »intelligente Lautsprecher« und Sprachassistenten für Autos, sondern hilft auch den Behörden beim Aufbau einer nationalen Sprachmuster- und Stimmendatenbank. In den Telefonnetzen der Heimatprovinz der Firma werde die Technologie schon flächendeckend eingesetzt, um in Echtzeit alle Telefonate zu scannen. Wenn das System einen Kriminellen erkenne, alarmiere es automatisch die Polizei.[72]

Damit in Zukunft überhaupt niemand mehr kriminell wird, muss man früh ansetzen: In einem Modell-Projekt in einer Schule in Hangzhou erhalten die Schüler Essen in der Mensa oder Bücher in der Bibliothek mittels Scan des Gesichts.[73] Die Daten werden analysiert, Lehrer, Schüler und Eltern erhalten Berichte, »wie viele Proteine, Kohlenhydrate und frittiertes Essen die Kinder im Monat gegessen haben«. Die Computer geben dann Vorschläge zur »Ernährungsoptimierung«.[74] Wenn morgens ein Schüler zu spät kommt, wird der Lehrer per Kurznachricht auf dem Smartphone informiert, ist der Haupteingang geschlossen und der Schüler kann nur mit Gesichts-erkennungssystem eintreten.[75] Im Klassenzimmer werden mit smarten Kameras anhand von Gesichtsausdruck, Gestik und Körpertemperatur die Aufmerksamkeit und der Gemütszu-stand der Schüler analysiert. Die Software registriert, wenn ein Schüler einschläft oder unkonzentriert wirkt. Betreffende Schü-ler erhalten dann »Tipps« und die Aufforderung, sich künftig »mehr anzustrengen«.[76] In einem Pilotprojekt in der Provinz Guizhou stellen in die Kleidung der Schüler eingenähte Com-puterchips sicher, dass niemand beim Ausdauerlauf auf der 400-Meter-Bahn seine Spur wechselt. Von der ersten Klasse bis zum Abitur werden sämtliche Gesundheitsdaten ans Bildungs-ministerium weitergeleitet.[77]

Am extremsten ist die High-Tech-Überwachung der Uiguren in der Region Xinjiang. Dort ist in manchen Landkreisen ein staatlich überwachter GPS-Sender im Auto Pflicht, und getankt werden darf erst, wenn man nach einem Gesichtsscan vom System für unbedenklich befunden wurde.[78] Auf dem Handy muss die App Jingwang (»sauberes Netz«) installiert sein. Auf-gespürt werden soll damit »jegliche ›schädliche Information‹ und ›illegale religiöse Aktivität‹ in Form von Textnachrichten, E-Books, Webseiten, Bildern und Videos (...). (...) Die Behör-den wissen, wie oft du beten gehst, ob du Verwandte oder Be-kannte im Ausland hast und ob du irgendjemanden kennst, der schon einmal im Gefängnis saß. All das ist ebenso Teil deiner Akte wie deine Fingerabdrücke, deine Blutgruppe, Scans dei-ner Iris und Proben deiner DNA.«[79] »Verdächtig machen sich Personen, »die keinen Umgang mit ihren Nachbarn« haben, »die nicht gerne die Vordertüre ihres Hauses benutzen«, sich »ohne polizeiliche Erlaubnis von ihrem registrierten Wohnsitz entfernen, einen ›ungewöhnlich hohen‹ Stromverbrauch ha-ben (...), ein Telefon oder ein Auto benutzen, das ihnen nicht selbst gehört (...), deren Telefon länger offline geht oder deren im Auto eingebauter GPS-Sender sich plötzlich nicht mehr bei den Behörden meldet. (...) Die Summe all dieser Informationen entscheidet darüber, ob einer Zutritt hat zu Hotels, ob er eine Wohnung mieten darf oder einen Job bekommt. Ob ihm auferlegt wird, keine öffentlichen Plätze mehr zu besuchen oder ob er unter Hausarrest gestellt wird. Oder aber ob er in einem der vielen Umerziehungslager landet, die China überall in der Provinz eingerichtet hat.«[80]

Das brutalste Steuerungsregime wäre ein umfassendes und flächendeckendes Sozialkreditsystem. In einer der Pilotstädte für ein solches erhält jeder Bürger ein Punktekonto und startet mit 1000 Punkten. Man kann »ein AAA-Bürger« sein (ein »Vorbild an Ehrlichkeit«), hierfür braucht man mehr als 1050 Punkte. Bei unter 849 ist man auf der »Warnstufe« C. Als D mit weniger als 599 Punkten ist man als »unehrlich« identifiziert. Dann wird man auf eine schwarze Liste gesetzt, die Öffentlichkeit wird über einen informiert, und man wird zum »Objekt signifikanter Überwachung«.[81]

Der programmierte Mensch als idealer Untertan

Wozu das alles? Der größte Feind der Herrschaft ist die *Unberechenbarkeit* der Welt. Der programmierte Mensch soll Wirklichkeit werden, weil seine Unberechenbarkeit ausradiert werden soll. Das krumme Holz Mensch soll gerade gebogen werden, da das gerade Holz das effizientere ist. Und dies nicht, weil wir es selbst so wollten, sondern, wie Günter Anders so richtig erkannte, *weil wir dann passender für die Maschinen werden*. Wir sollen selbst zum Algorithmus werden, damit bei ENTER nur noch eintritt, was eintreten soll; damit es nichts mehr Unerwartetes und Überraschendes, nichts mehr nicht Geplantes, nicht Kalkuliertes und nicht Gemachtes gibt. Der programmierbare Mensch soll Wirklichkeit werden, weil der programmierte Mensch der *ideale Untertan* ist.

Zu Ende gedacht, bedeutete das erstrebte (fiktive) Ideal totaler Berechenbarkeit rasenden Stillstand, die ewige Wiederkehr des bereits Feststehenden. Smart Cities wären *Städte des Todes*, Städte ohne Zukunft, in denen nur noch der Terror einer effizienten und rekursiven Gegenwart herrscht. Ihre Bewohner wären Untote (Zombies) und der Transhumanismus, Silicon-Valley-Kapitalismus und die KP-Diktatur aus Angst vor dem Tod geschaffene Todesmaschinen. Oder wie in Kai Strittmatters Buch die für die Umsetzung des sozialen Bonitätssystems von Shanghai zuständige Abteilungsleiterin sagt: »Wäre das nicht die beste aller Welten, wenn man in einigen Jahrzehnten gar nicht mehr über das System und seine Regeln sprechen müsse? (...) Vielleicht schaffen wir es und gelangen an einen Punkt, an dem keiner es mehr wagt, an einen Vertrauensbruch zu denken. Ein Punkt, an dem keiner mehr überhaupt auf die Idee kommt, unserer Gemeinschaft zu schaden (...) An dem Punkt wäre unsere Arbeit getan.«[82]

Eine total kalkulierte Welt, eine Welt ohne offenes Ende, wäre eine tote Welt. Der programmierte Mensch wäre ein reiner Befehlsempfänger, für den lediglich die Illusion erzeugt werden muss, dass er selbst will, was die Herrschenden und Maschinen wollen. Die perfekte Herrschaftsmaschinerie ist diejenige, in der die Beherrschten nicht merken, *dass* sie beherrscht werden. Das Leben würde so tatsächlich zu einer *Truman Show*. Nur kämen wir aus Sicht der Herrschenden idealerweise niemals auf die Idee, dass hinter dem digitalen Vorhang noch eine Welt liegt, dass hinter dem digitalen Vorhang die Welt beginnt.

Schluss – das Ende der Moral

Nimmt man die skizzierten Szenarien und Realitäten granularer Verhaltenssteuerung und automatisierter Rechtsdurchsetzung zusammen, würden wir in einer solchermaßen gestalteten Welt nicht nur verlernen, selbst zu denken und zu entscheiden, sondern auch moralisch zu handeln. Wir würden uns nicht mehr (freiwillig) moralisch verhalten, weil wir es für richtig halten und uns selbst gute Gründe dafür geben können, sondern weil es gar keine Alternative mehr gibt. Es würde eine Gesellschaft entstehen, in der das »tägliche Übungsfeld des moralischen Verhaltens« zerstört wäre und »in der alles gut ist, aber niemand mehr gut sein kann«.[83] Nicht nur würden wir verlernen, selbst zu denken und Urteile zu fällen, im Extremfall würden wir gar die Bildung unserer Wünsche vollständig an Maschinen auslagern und damit auch verlernen, (selbst) etwas zu wollen.[84] Mit einer alles sehenden, hörenden und berechnenden KI würden wir uns einen neuen Gott schaffen, der uns auf die Stufe Adam und Evas vor dem Sündenfall zurückholen würde (wobei selbiger nicht mehr möglich ist): Wir wüssten nicht mehr zwischen Gut und Böse zu unterscheiden, würden wieder unschuldig werden und nichts mehr erkennen, entscheiden und verantworten. [85]

Wie dies in einer westlichen Variante aussehen könnte, hat Dave Eggers in *EVERY (2021)*, dem Nachfolgeroman zu *The Circle* (2010) extrapoliert. Der Roman trägt den Titel des gleichnamigen Unternehmens EVERY, das den Alltag der amerikanischen Bürger bis ins kleinste Detail überwacht und reguliert und welches man sich als gigantisches Firmenkonglomerat, als Fusion von Alphabet, Amazon und Meta vorstellen kann. Die an EVERY Angeschlossenen, Abhängigen und Ausgelieferten leben in einem ultimativen Alptraum ununterbrochener Bewertungen, Rankings, Aufforderungen und Ermahnungen, sind getrieben von Angst, Scham, Konformitäts- und Optimierungsdruck. Sie werden maschinell daran erinnert, Wasser zu trinken, vom Bürostuhl aufzustehen und Gymnastik zu machen oder zu lachen (wichtig für die Gesundheit!). Allseits überwacht und genudgt erscheinen sie als höchst neurotische Wesen, die vollkommen verlernt haben, auf sich selbst, auf ihre innere Stimme zu hören. Sie gleichen fremdbestimmten, entwurzelten Labortieren, die nur noch in künstlich hergestellten Umwelten überlebensfähig sind und ohne Devices und Apps der Welt vollkommen schutzlos ausgeliefert wären.

Kämen wir dort an, dann hätte die Auslagerung von Kognition, Gedächtnis, Wünschen und Entscheidungen an die Maschinen, also die Aufgabe menschlicher Autonomie und menschlichen Selbstbewusstseins, nicht (mehr) zur *Erweiterung* menschlicher Eigenschaften und Fähigkeiten durch Technik, sondern zu ihrer *Amputation* geführt. Ein neuer Prometheus würde uns gewissermaßen wieder »nackt, unbeschuht, unbedeckt und unbewaffnet« vorfinden. Doch zur erneuten Menschwerdung müsste er uns die Technik nicht überbringen, sondern wieder entreißen.

Unverfügbarkeit als Quelle des Begehrens

Zum Schluss: Es war viel von einem ›eigentlichen‹ Wollen des Menschen die Rede, welches angeblich *technisch berechenbar, herstellbar* und *erfüllbar* sei. Doch was wollen Menschen? Was und wie begehren sie? Die totalitären Phantasien des Transhumanismus und Dataismus verkennen sowohl Inhalt als auch Dialektik menschlichen Begehrens. Das Unkontrollierbare ruft zwar das Begehren hervor, es kontrollierbar zu machen. Doch wenn alles kontrollierbar wäre, würde nichts Neues mehr entstehen – und das Begehren würde versiegen. Aus der Spannung der *Differenz* zwischen Wollen und Sein, zwischen Wünschen und Realität entsteht die treibende Energie und Kraft, die das Abenteuer des Menschseins bedingt und in Bewegung hält. Die Realisierung der Phantasien totaler Berechnung, Beherrschung und Kontrolle würden auf dialektische Weise den Grund ihres eigenen Wollens zerstören.

Das Abenteuer, der Antrieb und Reiz des Lebens liegen genau in seiner *Unberechenbarkeit*, in dem, was *unverfügbar* ist.

Momente empfundener Freiheit und des Glücks sind oft gerade dort zu finden, wo wir die *Kontrolle verlieren* und *nicht alles im Griff haben*, sondern *loslassen* und selbst *ergriffen* und berührt werden. Was uns an einem Objekt, einer Landschaft, einem Musikstück oder Menschen interessiert, anruft, bewegt oder fasziniert, ist nicht das Objekt, die Landschaft, das Musikstück oder der Mensch *an sich*, sondern eine bestimmte Form der *Bezogenheit* und der *Beziehung* zwischen einem selbst und dem Objekt des Begehrens. Was wir begehren, ist ein *Beziehungsbegehren*. Was wir begehren, sind Momente, in denen die Welt zu uns spricht und wir zur Welt sprechen können und sie uns hört. Hartmut Rosa nennt diese Form der Beziehung »Resonanz«: »Nicht das Verfügen über Dinge, sondern das in Resonanz Treten mit ihnen, sie durch eigenes Vermögen – Selbstwirksamkeit – zu einer Antwort zu bringen und auf diese Antwort wiederum einzugehen, ist der Grundmodus lebendigen menschlichen Daseins.«[86] Menschliches Begehren lasse sich »schlechthin als Resonanzbegehren interpretieren«.[87]

Doch dieses »in Resonanz Treten«, diese Form der Beziehung zwischen einem selbst und dem Objekt des Begehrens lässt sich nicht herstellen, verfügbar machen oder akkumulieren. Es handelt sich um eine Form der Beziehung, die genau *nicht* auf Kontrolle und Verfügbarkeit abzielt. Was Transhumanisten verkennen: *Inhalte* des Wollens mögen zwar berechenbar und herstellbar sein, doch ihre *Erfüllung* ist es nicht, da ihre *Herstellbarkeit das Wollen zerstören würde*. Eine neue, wirklich aufgeklärte Sicht auf den Menschen und das Sein würde deshalb die Hybris des Strebens nach totaler Kontrollierbarkeit aufgeben und unsere Verletzlichkeit, Sterblichkeit und Unberechenbarkeit nicht als zu beseitigende Mängel betrachten. Sie würde uns stattdessen mit Demut als die zerrissenen und unberechenbaren Wesen, die wir sind, zurück ins *Internet des Lebens* holen und das Leben feiern und bewahren, statt es für ein Internet der Dinge zu opfern.

Anmerkungen

Stefan Lorenz Sorgner:
Transhumanismus bedeutet Freiheit

1. Kurzweil, R. (2006) *The Singularity is Near. When Humans Transcend Biology*. Penguin, London.
2. Ein Angestellter von Google, der schließlich entlassen wurde, hat jüngst die Überlegung angestellt, ob es sich bei diesem Chatbot bereits um ein empfindungsfähiges Wesen handelt. Siehe: https://www.theguardian.com/technology/2022/jul/23/google-fires-software-engineer-who-claims-ai-chatbot-is-sentient, 21.1.2023
3. https://www.mpg.de/11322546/homo-sapiens-ist-aelter-als-gedacht, 21.1.2023
4. Sorgner, S.L. (2022) *We have always been Cyborgs. Digital Data, Gene Technologies, and an Ethics of Transhumanism*. Bristol University Press, Bristol.
5. https://www.welt.de/print-welt/article454288/Wann-beginnt-das-Leben.html, 21.1.2023
6. Habermas, J. (2004) Freiheit und Determinismus. In: *Deutsche Zeitschrift für Philosophie* 52(6), 877.
7. Huxley, J. (1951) Knowledge, Morality, and Destiny. The Willian Alanson White Memorial Lectures, 3rd Series. *Psychiatry* 14(2), 139.
8. Huxley, J. (1957) *New bottles for New Wine*. Chatto & Windus, London.
9. Vgl. Sorgner, S.L. (2022) *Philosophy of Posthuman Art*. Schwabe, Basel, 15-20.
10. Fukuyama, F. (2004) The World's Most Dangerous Ideas: Transhumanism. In: *Foreign Policy* 144 (Sept/Oct), 42-43.
11. https://www.edition-hagia-sophia.de/p/prof-wassilij-a-schipkow-nach-dem-menschen-ideologie-und-propaganda-des-transhumanismus, 21.1.2023
12. https://medium.com/open-longevity-eng/patriarch-kirill-preaches-against-transhumanism-e6e1e9d16ef8, 21.1.2023
13. Sorgner, S.L. (2018) *Schöner Neuer Mensch*. Nicolai, Berlin.

14. https://www.drugs.com/slideshow/adderall-for-study-1113, 26.1.2023
15. Sorgner, S. L. (2019) *Übermensch. Plädoyer für einen Nietzscheanischen Transhumanismus.* Schwabe, Basel, 77-90.
16. https://www.businessinsider.com/the-highest-paid-woman-ceo-was-born-a-man-2014-6?r=US&IR=T, 21.1.2023
17. Sie selbst würde deren Beziehung wohl auf andere Weise konzeptualisieren, da sie davon ausgeht, dass es so viele Geschlechter wie Personen gibt.
18. https://www.newscientist.com/article/2107219-exclusive-worlds-first-baby-born-with-new-3-parent-technique/, 21.1.2023
19. https://www.philomag.de/artikel/transplantation-transhumanismus-david-bennett, 21.1.2023
20. https://www.nature.com/articles/d41586-019-02275-3, 21.1.2023
21. https://www.nationalgeographic.com/photography/article/nucci-transhumanists-technology, 21.1.2023
22. https://qz.com/1515884/transhumanist-science-will-free-women-from-their-biological-clocks, 23.02.2023.
23. https://www.kinderwunsch-im-ausland.de/ivf-techniken/kuenstliche-befruchtung-in-deutschland/, 21.1.2023
24. Durchschnittlich werden im Newcastle Hospital 8 Eier entnommen.
    https://www.newcastle-hospitals.nhs.uk/services/fertility-treatment/ivf-and-icsi-information-for-patients-having-treatment/what-happens-during-ivf/#collect-eggs, 21.1.2023
    In manchen Kliniken können es bei der IVF aber auch durchschnittlich 14 sein.
    https://reproductivehealthwellness.com/what-is-the-average-number-of-eggs-retrieved-during-ivf/#:~:text=In%20general%2C%20an%20average%20of,it%20comes%20to%20success%20rates. 21.1.2023
25. Interessant ist es, darüber nachzudenken, wie das Ereignis der sich nicht einnistenden befruchteten Eizellen moralisch einzuschätzen ist. Sind hier Personen gestorben? Wenn mit der Befruchtung bereits die Verbindung mit der Vernunftseele geschieht, dann wären ab diesem Moment Personen vorhanden. Bei jedem Abgang würde eine Person sterben. Müssten Tote nicht beerdigt werden?
26. https://www.familienplanung.de/kinderwunsch/behandlung/praeimplantationsdiagnostik/, 21.1.2023
27. https://www.cicero.de/innenpolitik/behindertenbeauftragter-des-bundes-%E2%80%9Epid-diskriminiert-menschen-mit-behinderungen, 211.2023
28. https://www.cnbc.com/2022/01/25/how-one-of-googles-earliest-genetic-experiments-23andme-paid-off.html, 21.1.2023

29. Peter Thiel: https://www.geneticsandsociety.org/biopolitical-times/remarkable-ambitions-peter-thiel, 21.1.2023; Zoltan Istvan: https://newatlas.com/zoltan-istvan-interview-transhumanism-politics/48041/, 21.1.2023

30. https://www.forbes.com/sites/theyec/2021/07/15/data-isnt-the-new-oil-time-is/?sh=6551f8de35bb, 21.1.2023

31. http://www.npc.gov.cn/englishnpc/c23934/202112/1abd8829788946ecab270e469b13c39c.shtml, 21.2.2023

32. https://www.dw.com/en/is-islamist-terror-a-threat-to-germany/a-64369110, 3.2.2023

33. https://www.focus.de/politik/deutschland/inzest-erlaubt-geschwister-tiere-prostituierte-diese-sex-gesetze-gibt-es-in-europa_id_4161004.html, 25.02.2023.

34. https://www.telepolis.de/features/Saudi-Arabien-60-Prozent-der-geplanten-Ehen-werden-aufgrund-genetischer-Inkompatibilitaet-3370927.html, 25.02.2023.

35. https://www.rki.de/SharedDocs/FAQ/COVID-Impfen/FAQ_Todesfaelle.html, 21.1.2023

36. https://www.zeit.de/wissen/2020-04/corona-tote-maenner-frauen-covid-19-hormone?utm_referrer=https%3A%2F%2Fwww.google.com%2F

37. https://ourworldindata.org/grapher/world-population-in-extreme-poverty-absolute, 26.1.2023

38. https://www.youtube.com/watch?v=QsBT5EQt348, 21.1.2023

39. https://www.petazwei.de/veganer-lifestyle/in-vitro-fleisch/, 3.2.2023
Künstliches Fleisch hat jedoch noch weitere Vorteile: Unter anderem können die Gefahr von Zoonosen, die zur Fleischherstellung verwendeten Antibiotikamenge wie auch der Landverbrauch verringert werden. Es ist sogar naheliegend, dass für die Herstellung künftig sogar gar keine Antibiotika verwendet werden müssen (Vgl.: https://www.umweltbundesamt.de/publikationen/die-zukunft-im-blick-fleisch-der-zukunft, S. 84-86, 3.2.2023.)

Philipp von Becker:
Transhumanismus als Abschied vom Individuum

1. Platon: Protagoras 321b. In: *Sämtliche Werke, Band 1*, Rowohlt 2011, Absatz 321b.
2. Der Begriff des Menschen als »Mängelwesen« wurde vor allem von Arnold Gehlen geprägt. Vgl. Arnold Gehlen: *Der Mensch Seine Natur und seine Stellung in der Welt*. Junker und Dünnhaupt, Berlin 1940.
3. Vgl. Max More: The Philosophy of Transhumanism. In: Max More, Natasha Vita-More: *The Transhumanist Reader 2013*. John Wiley & Sons Chichester 2013, S. 4.
4. Vgl. Deutscher Ethikrat: *Eingriffe in die menschliche Keimbahn. Stellungnahme*. Berlin 2019, S. 83-95.
5. Max More: A Letter to Mother Nature. In: ders.: *Natasha Vita-More: The Transhumanist Reader 2013*. John Wiley & Sons Chichester 2013, S. 450. (Übersetzung des Autors)
6. Vgl. Anna Puzio: *Über-Menschen*. transcript Verlag 2022, S. 130.
7. Siehe dazu: Ebd., S. 151 ff.
8. »Handle so, daß du die Menschheit sowohl in deiner Person, als in der Person eines jeden andern jederzeit zugleich als Zweck, niemals bloß als Mittel brauchst.« (Kant, *Grundlegung zur Metaphysik der Sitten*, AA IV, 429).
9. Michael J. Sandel: *Plädoyer gegen die Perfektion. Ethik im Zeitalter der genetischen Technik*. University Press 2008 S. 102 f.
10. Vgl. Anna Puzio: *Über-Menschen*. transcript Verlag 2022, S. 235./ Nick Bostrom: *Die Zukunft der Menschheit*. Suhrkamp Verlag 2018, S. 92.
11. Nick Bostrom: Why I Want to be a Posthuman When I Grow Up. In: Max More/ Natasha Vita-More: *Transhumanist Reader*, S. 43.
12. David Pearce: *Superhappiness, Kap. Conclusion*, zitiert nach: Puzio S. 231.
13. David Pearce: *Hedonistic Imperative*, Kap. 1.1., zitiert nach: Puzio S. 232.
14. Im Falle von Trisomie 21 werden in Europa schätzungsweise rund die Hälfte aller Föten abgetrieben. https://www.nature.com/articles/s41431-020-00748-y.epdf?sharing_token=6gnHEwZLICco8zI2bjFoT9Rg-NojAjWel9jnR3ZoTvoPe45GV59NswcfnRKAj_bHo8guiJSmuojKt8bIH nDe4isuHc2AtGAbIEFWfKosQ-7zioz9JL3x7eknxf3djwDC8V8Z4zzw_fOwcgv47AKqE6Z_Sp8Dzzrm-gp414hrGDsM%3D
15. Vgl. Allen Buchanan: *From Chance to Choice. Genetics and Justice*. New York, Cambridge University Press 2000.
16. Zoltan Istvan: *Genetic Editing Could Cause the Next Cold War*. Vice 13.12.2016 https://www.vice.com/en/article/ezp8me/genetic-editing-could-cause-the-next-cold-war (Eastwood 2017). Robert Ranisch: When CRISPR Meets Fantasy: Transhumanism and the Military in the Age of

Gene Editing. In: Wolfgang Hofkirchner/Hans-Jörg Kreowski (Hg.): *Transhumanism: The Proper Guide to a Posthuman Condition or a Dangerous Idea?* Springer Nature Switzerland, Cham, S. 114 f.

17. Nick Bostrom: *Die Zukunft der Menschheit*. Suhrkamp Berlin 2018, S. 92.
18. Vgl. James Hughes: *Citizen Cyborg: Why Democratic Societies Must Respond to the Redesigned Human of the Future*. Westview Press 2004.
19. Siehe dazu etwa: Bill McKibben: *Genug! Der Mensch im Zeitalter seiner gentechnischen Reproduzierbarkeit*. Berlin Verlag 2003.
20. Thomas Assheuer: *Crispr: Die neue Sklavenhaltergesellschaft*, in: DIE ZEIT Nr. 51, 2018.
21. Andreas Lienkamp: »GATTACA« Eine Parabel auf die gegenwärtige Biopolitik? In: Andreas Lienkamp/Caspar Söling (Hg.): *Die Evolution verbessern? Utopien der Gentechnik*. Bonifatius Verlag 2002, S. 109.
22. Vgl. Jürgen Habermas: *Die Zukunft der menschlichen Natur. Auf dem Weg zu einer liberalen Eugenik?* Frankfurt am Main: Suhrkamp Verlag 2002, S. 45.
23. Hartmut Rosa: *Resonanz. Eine Soziologie der Weltbeziehung*. Suhrkamp Verlag 2016, Kap. I.1, Abs.10.
24. Rosa: *Resonanz*, Kap. I.1, Abs.10.
25. Ebd.
26. Ebd. Kap. I.1, Abs. 9.
27. Hartmut Rosa: *Unverfügbarkeit*, Residenz Verlag 2018, Kap. 1, Abs. 5.
28. Rosa: *Resonanz*, Kap. X.1, Abs.5.
29. Rosa: *Unverfügbarkeit*, Kap. IV, Abs.8.
30. Vgl. Hartmut Rosa: *Beschleunigung. Die Veränderungen der Zeitstrukturen in der Moderne*. Suhrkamp Verlag 2005.
31. Rosa: *Unverfügbarkeit*. Kap. I, Abs.3.
32. Ebd., Kap. IV, Abs.16.
33. Anna-Verena Nosthoff, Felix Maschweski: *Die Gesellschaft der Wearables*. Nicolai Publishing & Intelligence GmbH Berlin 2019, S. 20.
34. Ebd. S. 22
35. Oder in den Worten von Nosthoff/Maschewski: »Auch die Fitness oder Gesundheit stehen dann ganz im Zeichen des kategorischen Komparativs: Es geht nicht mehr darum, nur fit und gesund zu sein, sondern immer fitter und gesünder zu werden.« Ebd., S. 23.
36. Rosa: *Unverfügbarkeit*. Kap.VI, Abs.4.
37. Siehe dazu etwa meine Ausführungen in: Philipp von Becker: *Der neue Glaube an die Unsterblichkeit. Transhumanismus, Biotechnik & digitaler Kapitalismus*. Passagen Verlag 2015.
38. Günther Anders: *Die Antiquiertheit des Menschen Band I: Über die Seele im Zeitalter der zweiten industriellen Revolution*, C.H. Beck Verlag 1956, S. 37.
39. Ebd. S. 23.

40. Ebd. S. 40.

41. Ebd. S. 47

42. Stefan Lorenz Sorgner: Ein europäisches Sozialkreditsystem als pragmatische Notwendigkeit? In: Michael C. Bauer/Laura Deinzer (Hg.): *Bessere Menschen? Technische und ethische Fragen in der transhumanistischen Zukunft.* Springer Berlin 2020, S. 184.

43. Vgl. Adrian Daub: *Was das Valley denken nennt. Über die Ideologie der Techbranche.* Suhrkamp Verlag Berlin 2020.

44. https://www.dasmagazin.ch/2016/12/03/ich-habe-nur-gezeigt-dass-es-die-bombe-gibt/

45. Vgl. Steffen Mau: *Das Metrische Wir. Über die Quantifizierung des Sozialen.* Suhrkamp Verlag 2017.

46. Shoshana Zuboff: *Das Zeitalter des Überwachungskapitalismus.* Campus Verlag Frankfurt am Main 2018.

47. Siehe dazu etwa: Timo Daum/Sabine Nuss (Hg.): *Die unsichtbare Hand des Plans. Koordination und Kalkül im digitalen Kapitalismus.* Karl Dietz Verlag Berlin 2021.

48. Philipp Staab: *Digitaler Kapitalismus. Markt und Herrschaft in der Ökonomie der Unknappheit.* Suhrkamp Verlag Berlin 2019.

49. Vgl. McKenzie Wark: *Capital Is Dead: Is This Something Worse?* London, Verso 2019.

50. Vgl. Ulrich Bröckling: *Gute Hirten führen sanft. Über Menschenregierungskünste.* Suhrkamp Verlag Berlin 2017, S. 183

51. Vgl. Cass Sunstein und Richard Thaler: *Nudge: Wie man kluge Entscheidungen anstößt.* Econ Verlag Berlin 2008.

52. Gaspard Koenig: *Das Ende des Individuums. Reise eines Philosophen in die Welt der Künstlichen Intelligenz.* Verlag Kiepenheuer & Witsch, Köln 2021. Vgl. auch Jan Schnellenbach: *Die Politische Ökonomie des Entscheidungsdesigns: Kann Paternalismus liberal sein?* Zeitschrift für Politik 62 (2015).

53. *https://www.telegraph.co.uk/technology/google/7951269/Young-will-have-to-change-names-to-escape-cyber-past-warns-Googles-Eric-Schmidt.html* (Übersetzung des Autors).

54. Nick Bostrom: *Superintelligenz. Szenarien einer kommenden Revolution.* Suhrkamp Verlag Berlin 2014. Kap. 13, Abs.9.

55. Vgl. Koenig: *Das Ende des Individuums,* Kap. III, Abs. 26.

56. Es spricht Bände, dass die Silicon Valley-Gurus und Manager ihren eigenen Kindern die Benutzung digitaler Geräte verbieten oder die Zeit der Benutzung stark einschränken.

57. Adrian Lobe: *Vorgekautes Denken,* Süddeutsche Zeitung, 7. Januar 2018 https://www.sueddeutsche.de/kultur/digitales-geistesleben-vorgekautes-denken-1.3815873

58. Yuval Noah Harari: *Homo Deus. Eine Geschichte von Morgen*. C.H. Beck Verlag München 2017, S. 505.

59. Harari: *Homo Deus*, S. 505.

60. Simanowski: *Todesalgorithmus. Das Dilemma der künstlichen Intelligenz*. Kap. »List der Vernunft«, Abs.11. Passagen Verlag Wien 2020.

61. Harari: *Homo Deus*. S. 518.

62. Ebd., S. 505 f.

63. Ebd., S. 513.

64. Koenig: *Das Ende des Individuums*, Kap.6, Abs. 3.

65. Oder siehe auch das Szenario einer KI-gesteuerten »Ökodiktatur« zum Erhalt der Spezies: Simanowski: *Todesalgorithmus*.

66. Harari: *Homo Deus*, S. 584.

67. Ebd., Kap.11, Abs. 37.

68. Nosthoff/Maschewski: Gesellschaft der Wearables, S. 99 f.

69. Kai Strittmatter: *Die Neuerfindung der Diktatur. Wie China den digitalen Überwachungsstaat aufbaut und uns damit herausfordert.* Piper Verlag München 2018 (aktualisierte E-Book-Ausgabe), Kap. »Der neue Mensch«, Abs. 30.

70. Strittmatter: *Die Neuerfindung der Diktatur,* S. 155 f.

71. Ebd., S. 169.

72. Ebd., S. 174.

73. Axel Dorloff: *Chinas intelligenter Schule entgeht nichts.* Deutschlandfunk, 21.01.2019.

74. Ebd.

75. Ebd.

76. Ebd.

77. Fabian Kretschmer: *Digital überwacht,* taz 8.6.2021.

78. Strittmatter: *Die Neuerfindung der Diktatur,* S. 173.

79. Ebd., S. 174 f.

80. Ebd., Kap. »Das Auge«, Abs. 81.

81. Strittmatter: *Die Neuerfindung der Diktatur,* S. 184 f.

82. Ebd., S. 197.

83. Simanowski: Todesalgorithmus, Kap. »List der Vernunft«, Abs. 13.

84. Ebd. Kap. »List der Vernunft«, Abs. 5.

85. Vgl. Ebd. Kap. »List der Vernunft«, Abs. 25.

86. Rosa: *Unverfügbarkeit*, Kap. IV, Abs. 2.

87. Rosa: *Resonanz*, Kap. V.3., Abs. 22.

ISBN: 978-3-86489-350-6
Seitenzahl: 112

Wachstum –
große Gefahr oder einzige Lösung?

Ob Wachstum den von der Menschheit eigens herbeigeführten
Untergang der Welt bewirkt oder ganz im Gegenteil die
einzige Lösung für die Probleme der Weltgemeinschaft
bereithält, ist eine der umstrittensten Fragen unserer Zeit.
Während Katja Gentinetta dafür plädiert, dass menschliches
Handeln nicht einzig auf ein Überleben ausgerichtet sein darf,
sondern sich vielmehr auf die größte Fähigkeit des Menschen
rückbesinnen muss, die Welt durch seine Talente immer
weiter zu verbessern, übt Niko Paech scharfe Kritik: Gerade das
menschliche Streben nach Wachstum ist es, das unsere Welt
ihrem Ende immer näher bringt, da die Menschheit durch ihre
besinnungslose Ausrichtung an immer mehr Fortschritt und
der dadurch ausgelösten Zerstörung kurz vor ihrem Ende steht.

ISBN: 978-3-86489-351-3
Seitenzahl: 112

**Digitalisierte Gesundheit –
Fluch oder Segen?**

Die Digitalisierung im Gesundheitswesen, zuvorderst die
neu eingeführte elektronische Patientenakte, verspricht
viele Vorteile: Allergien, Vorerkrankungen, Medikationen
und andere wichtige Informationen sollen im Notfall
sofort einsehbar sein. Aber wie steht es um die Sicherheit
der zentral gespeicherten Gesundheitsdaten?
Während Franz Bartmann von der Notwendigkeit dieser
Entwicklung überzeugt ist, da eine solche Datensammlung die
Versorgung von Patienten verbessern und viele Menschenleben
retten könnte, mahnt Andreas Meißner die dramatischen
Folgen an: So könnte sie auf Versicherungstarife oder gar die
Chance auf einen Arbeitsplatz gravierenden Einfluss nehmen.
Sollte eine Zukunft, in der Telemedizin und Algorithmen die
Behandlung und das Gespräch zwischen Arzt und Patient
ersetzen, als Verlust oder Fortschritt verstanden werden?

ISBN: 978-3-86489-392-6
Seitenzahl: 80

Privatisierung –
Optimierung oder Entmenschlichung?

Zwei diametrale Positionen zu einer der wichtigsten
Fragen der Gegenwart: Wolfgang Kubicki, stellvertretender
Bundesvorsitzender der FDP, ist davon überzeugt, dass
Privatisierung ökonomische Höchstleistung hervorbringt
und der Markt am besten weiß, wie er sich – und damit
unser aller Wohlstand – erhält und außerdem durch ein
Zurückdrangen des Staates für mehr Bürgernähe sorgt.
Der Sozialwissenschaftler Tim Engartner warnt hingegen
vor den Gefahren der Privatisierung, da die ausschließliche
Konzentration auf Profit unweigerlich dazu führt, dass
soziale Fragen ausgeklammert und der staatlichen Kontrolle
entzogen werden, weshalb sich der Neoliberalismus bis
in die letzten Winkel unseres Lebens ausbreiten kann.

ISBN: 978-3-86489-352-0
Seitenzahl: 112

**Organspende –
eine moralische Pflicht?**

In Deutschland stehen derzeit rund 8 500 Menschen auf
der Warteliste für ein Spenderorgan. Dem gegenüber
stehen 933 Organspenden im Jahr 2021. Muss es anhand
dieses Missverhältnisses nicht als Pflicht empfunden
werden, die eigenen Organe zur Spende freizugeben?
Gleichzeitig stellt sich die Frage, ob der Moment, in dem
die Organe entnommen werden müssen, tatsächlich
mit dem Ende des Lebens zusammenfällt.
Während Dieter Birnbacher davon überzeugt ist, dass das
Kriterium des Hirntodes uns nicht nur dazu verhilft, sondern
uns gar moralisch zur möglichen Lebensrettung verpflichtet,
hat Sigrid Graumann entschiedene Zweifel: Birgt dieses
Kriterium nicht die große Gefahr einer Reduzierung des
Menschenbildes auf kognitive und rationale Fähigkeiten,
die schwere gesellschaftliche Folgen mit sich bringt?